parler en public

c'est facile

Claude Quenault / Josette Fauvel

parler en public

c'est facile

Illustrations de
KAKO ET DANY BOY

ALBIN MICHEL

La collection « C'est facile »
est animée par Élisabeth Lerminier

COÉDITION ALBIN MICHEL-OPERA MUNDI

© Opera Mundi, 1982
22, rue Huyghens, 75014 Paris

ISBN 2-226-01375-X

Nous remercions Paul Lavaud, directeur de l'Académie commerciale internationale de Paris, l'équipe enseignante, et plus particulièrement Philippe Guignot, qui nous ont permis la création du séminaire d'expression orale à l'A.C.I. (Chambre de commerce de Paris).

AVANT-PROPOS

Parler est pour nous, adultes, un acte aussi naturel que respirer ou marcher. Et pourtant... La parole est le résultat d'un long apprentissage non seulement de l'individu mais aussi de l'humanité. La manière de s'exprimer caractérise autant une époque qu'une personnalité. Les discours que l'on prononçait à l'époque de nos grands-parents nous font sourire : seuls les ténors de la vie politique et les avocats font encore un tant soit peu assaut d'éloquence.

Tous ceux qui ont à prendre aujourd'hui la parole veulent d'abord être entendus, compris. Un cadre dans son entreprise lors d'une réunion du personnel ou un élu municipal procédant à une inauguration cherchent tous deux à « faire passer un message ». Ils utilisent la parole comme un outil de travail. Nous vous proposons, grâce à ce livre, d'en faire un facteur de réussite... Mais avant d'en faire usage, il faut accepter quelques idées de base qui sont non seulement les nôtres mais aussi celles de tous les spécialistes de la « communication », cette nouvelle science du XXe siècle.

La façon dont nous nous exprimons à un moment donné, ainsi que ce qui la perturbe ou la freine, est le lourd héritage d'un passé historique, culturel, psychologique. Sans retour en arrière sur l'histoire de sa « propre parole », pas de salut !

Pour maîtriser l'art de parler en public, un véritable entraînement s'impose. Il commence par des exercices solitaires sur la diction, la décontraction, l'organisation de la pensée... Il se poursuit dans la maîtrise du dialogue : parler à deux ou à un petit groupe, c'est déjà parler à un public, et ces occasions-là sont les plus fréquentes (rendez-vous d'affaires, négociation par téléphone, consignes à transmettre...). Enfin c'est dans la pratique que l'on se perfectionne (exposés, comptes rendus, débats, discours...).

Il n'existe pas de « recettes » valables aussi bien pour l'animateur socio-culturel que pour le maire d'une petite ville ou le responsable du personnel d'une entreprise. Seules leurs fonctions et les circonstances engendrent un certain type de discours : à chacun ensuite de l'adapter à sa personnalité et à son public pour être écouté et reconnu. L'aisance et le naturel font aujourd'hui beaucoup plus d'effet que les attitudes théâtrales, l'emphase et les formules toutes faites.

Hélas, si à l'école nous avons appris à lire et à écrire, nous n'avons guère été entraînés à parler. Actuellement les nouvelles méthodes pédagogiques introduisent la pratique d'exposés et nos enfants seront probablement mieux armés que nous pour manier la parole.

Pour nous, les adultes, restent les stages d'expression orale qui se multiplient au titre de la formation permanente mais qui ne sont pas forcément connus ni même à la portée de tous. Ce livre reflète le contenu du séminaire d'expression orale que nous animons à l'Académie commerciale internationale de Paris (Chambre de commerce). Il n'a que la valeur de... l'expérience.

Puissiez-vous en tirer le meilleur bénéfice, grâce aux nombreux exercices et conseils pratiques qui illustrent chacun des chapitres.

MODE D'EMPLOI

Pour utiliser ce « guide » avec efficacité, il faut le lire, le vivre, en prenant le temps d'effectuer les exercices proposés. A la première lecture, vous pourrez avoir l'impression d'avoir déjà vécu un certain nombre des situations proposées car, bien sûr, nous avons tous l'occasion de parler en public, même si nos expériences sont très différentes.

Il est conseillé de « jouer » les exercices avec vos amis, votre entourage ou les collègues qui recherchent le même type de perfectionnement que vous. Le choix des exercices vous semblera peut-être limité : c'est parce qu'ils peuvent susciter d'autres exemples propres à votre cas particulier que vous intégrerez alors à ce guide pour en faire votre outil de travail personnel.

Certains exercices vous feront découvrir votre voix (couleur, ton, débit, volume) et vous apprendront à la modifier en fonction des circonstances que vous rencontrerez. Vous serez certainement surpris de vous entendre après un enregistrement au magnétophone ! D'autres exercices vous permettront de vous familiariser avec le langage non verbal, celui des regards, des mimiques, des gestes, du corps ; cela pour vous donner de l'aisance et la possibilité de rester le plus naturel possible.

Avant d'aborder ce guide il faut se convaincre que prendre la parole libère, que ce soit face à un ou à plusieurs partenaires, face à un petit groupe ou à un vaste public.

Dès que l'on commence à parler, on est envahi par un senti-
ment de soulagement, comme si l'on s'allégeait du poids des
choses à dire. On ne s'adresse pas à un public important du
jour au lendemain ; il faut déjà s'entraîner à parler à deux, puis
en petit groupe et bien différencier les diverses situations de
prise de parole :
• *On peut être appelé à prendre la parole d'une manière*
spontanée, inattendue (rencontre inopinée, réception d'une
délégation, interview « à chaud »...).
• *On peut avoir été invité à prendre la parole (discours,*
conférence, exposé...).
Et il faut être conscient que la nature des choses à dire et le
temps dont on dispose pour le faire sont deux facteurs impor-
tants à intégrer.
Ainsi, ce guide a pour objet, au fil de sa lecture et de la pratique
de ses exercices, de vous aider à
— *mieux vous faire comprendre,*
— *mieux communiquer et convaincre,*
— *mieux exposer vos opinions,*
— *mieux jouer votre rôle « d'orateur » dans votre vie sociale et*
professionnelle.
Pour y parvenir, il faut respecter trois règles essentielles :
• Savoir ce que l'on veut dire : *le dicton populaire « ne pas*
parler pour ne rien dire » n'a pas été inventé pour rien !
• Se faire entendre : *autrement dit, se donner tous les moyens*
pour prendre la parole dans les meilleures conditions possibles,
qu'elles soient psychologiques ou techniques.
• Se faire comprendre : *parler à un public sous-entend utiliser*
un langage adapté à ce public.
Il faut aussi savoir pourquoi on prend la parole : ce peut être
par exemple pour :
• *imposer un point de vue (opinion personnelle),*
• *distraire,*
• *séduire,*
• *émouvoir,*
• *faire passer une information.*

Mais dans tous les cas, parler en public ne permet pas de tri-
cher. Il faut « faire passer le courant », attirer la sympathie. Il

n'y a pas que le contenu d'une intervention qui compte, car la même chose dite avec le sourire ou sur un ton sec n'a pas le même effet. De même, pas question de « lire » les choses à dire, il faut les rendre vivantes pour qu'elles « passent » mieux.

Nous allons, bien sûr, revenir sur toutes ces considérations générales au fil des chapitres de ce guide dont l'utilisation ne doit pas s'arrêter à la fin de sa lecture. Il vous appartient de vous perfectionner en vous appuyant sur les idées théoriques qu'il contient et qui sont un simple apport de connaissances : ce n'est qu'en découvrant vous-même vos atouts et vos blocages que vous mesurerez votre aptitude à parler en public. Et ce n'est qu'en acceptant l'idée que vous pouvez améliorer vos performances que vous tirerez le meilleur bénéfice de ce livre.

Les auteurs

Dans ce guide vous allez découvrir une série de
« fiches pratiques » et d' « exercices » commentés.
Chaque *fiche pratique* a pour but de regrouper, sous
forme d'aide-mémoire, des informations bien souvent
exposées ou développées précédemment. Un moyen
de retenir l'essentiel... Les *exercices*, pour être effi-
caces, ne doivent pas être seulement lus mais prati-
qués d'une façon rigoureuse : ce sont des éléments de
découverte, de prise de conscience et d'entraînement.
Rien à voir avec les jeux des magazines en été : pas de
notation par points ni de réponses codifiées. Ces exercices facilitent l'approche de son propre « outil » d'expression et permettent de le perfectionner. Nous vous
rappelons que l'idéal est de réaliser ces exercices
avec une ou plusieurs personnes de votre entourage, et
dans de nombreux cas, avec un magnétophone.

LES FICHES PRATIQUES

LES EXERCICES

I.

CE QU'IL FAUT SAVOIR

Qu'est-ce que la parole ?

Les théories sur le langage sont multiples et notre propos n'est pas ici d'en faire la présentation. Nous voulons seulement que chacun puisse se poser à lui-même la question : d'où vient la parole, comment apprend-on à parler ? Est-il besoin d'aller chercher si loin pour améliorer son expression ? Le remède est d'autant mieux choisi que les sources du mal sont mieux connues !

Ici donc, pas de théorie exclusive, mais une tentative de présentation de ce qui résulte des travaux d'hommes aussi différents que Piaget, Jakobson et d'autres, pour essayer une approche aussi bien psychologique que linguistique de la parole. Impossible de négliger non plus les récentes informations que la biologie nous apporte sur le comportement humain. Les théories de l'inné et de l'acquis sont remises en cause par le fait qu'il y aurait de l'acquis inscrit peu à peu dans les gènes de toute cellule vivante. Et nous n'avons pas exclu non plus l'influence de l'inconscient mise en évidence par Freud : il prouve que tout apprentissage n'est pas forcément conscient et que nous pouvons être dirigés par des faits de notre histoire personnelle que nous ignorons complètement bien qu'ils soient déterminants dans notre comportement.

De la même façon, il est important de savoir que l'être humain ne se façonne pas seul : il s'imprègne constamment des influences du milieu dans lequel il évolue. Sa vie sociale détermine ses acquis, sa culture, son expression. Ainsi, il est étonnant de constater que l'être de la préhistoire a franchi en des millénaires les mêmes étapes de l'acquisition de la parole que chacun d'entre nous franchit entre la naissance et l'âge de la parole... Tout cela pour vous souligner à quel point il est important de comprendre le « pourquoi » de la parole avant d'en venir au « comment », à quels mécanismes physiologiques nous faisons appel pour transformer nos pensées en sons.

Enfin, et nous commencerons là à aborder votre cas personnel, la parole n'est pas neutre : elle reflète les influences que nous avons subies pendant notre enfance (acquisition de la parole, éducation, milieu) puis en tant qu'adulte à travers la parole des autres.

Définition

La parole est ce qui nous distingue des animaux et assure notre supériorité sur les autres espèces, ce par quoi nous pouvons penser, communiquer et transmettre notre histoire et notre culture.

La parole est un ensemble de sons articulés entre eux selon un code préétabli, leur attribuant une signification précise, sons émis à l'aide de l'organe phonatoire humain. La bouche et la voix symbolisent la parole.

Chaque être humain a sa propre voix, qui sera marquée par les grandes étapes de la vie et par quantité d'autres signes ayant trait au milieu.

La voix gémit, gronde, murmure, éclate, le ton est tranchant, les paroles s'égrènent dans le silence, s'envolent...

Rappelez-vous les innombrables dictons ou expressions ayant trait à la parole : *Savoir de quoi on parle. Faire attention à ce qu'on dit. Tourner sa langue sept fois dans sa bouche avant de parler. La parole est d'argent, le silence est d'or. Donner sa parole. Se prendre au mot. Parler comme un moulin,* etc.

Éléments sur les origines de la parole

Pourquoi l'espèce humaine utilise-t-elle la parole et est-elle seule à le faire ? Les réponses à cette question mettent en évidence les mécanismes intellectuels nécessaires pour parvenir à bien s'exprimer. Et on saisit l'importance des rapports entre agir, penser, parler, dans les relations inter-individuelles, car y aurait-il « parole » si les êtres humains ne vivaient pas en groupe ?

Du cri au mot
On suppose que la parole a été élaborée en plusieurs étapes au cours desquelles l'homme est passé du cri, de l'émission de sons, au mot fait de syllabes articulées entre elles et dont l'émission revêt un sens précis.
L'homme se serait définitivement séparé de l'animal lorsque son développement intellectuel lui a permis d'isoler des « représentations » des objets et des actes concernant sa vie et de les

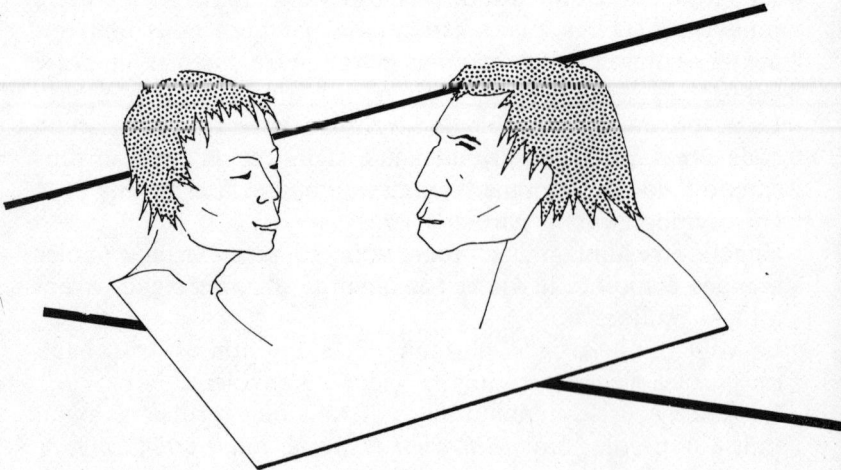

Cerveau et langage : une évolution parallèle.

différencier. Cela l'a conduit à regrouper ensuite ces représentations selon leurs caractères généraux par catégorie (« notion ») : courir pour attraper, courir pour fuir, courir pour jouer sont des actes que l'on peut se représenter d'après le vécu. On peut les différencier de marcher ou ramper et ensuite isoler la notion de « courir » des représentations concrètes que l'on en a, et savoir utiliser cette notion en d'autres occasions que l'expérience concrète qu'on en a eue. Par la suite, l'homme a pu combiner des notions diverses entre elles : il acquit alors une activité intellectuelle élaborée. Dans le même temps qu'elle se « parlait » la notion acquise produisait une trace, une « mémoire » dans le cerveau et ainsi la « pensée parlée » donnait naissance à des mots précis. De même, il y a un rapport entre le son de la voix et la notion qui s'établit : à chacune correspond un complexe particulier de sons vocaux.

Geste et parole

L'homme qui parle élabore pour lui-même des notions en même temps qu'il transmet des informations à l'entourage dans lequel il vit. La parole est en effet à la croisée de la nécessité de communiquer dans un environnement social et de l'expression d'une pensée élaborée sur cet environnement et sur l'activité humaine. Afin de mieux comprendre les mécanismes de notre cerveau lorsque nous utilisons la parole le plus naturellement du monde, voyons les étapes qui ont abouti à une parole achevée chez nos ancêtres : nous constatons que le développement de la parole va de pair avec l'évolution et l'organisation des gestes liés à la vie sociale, l'activité stimulant le développement de l'intelligence qui elle-même permet l'affinement et la spécialisation desdites activités. Cela prouve une alliance étroite dans l'évolution du geste et de la parole.

Les hominiens (— 1 700 000 ans) taillent grossièrement les pierres, émettent des signaux sonores constitués de sons isolés qu'ils choisissent en fonction des situations. Ces sons devaient inciter à un acte précis ou signaler un événement.

Les hominiens acheuléens (— 200 000 ans) capables de tailler des pierres pour des utilisations diversifiées combinent deux notions au moins. *Exemple :* faire un « tranchant » pour la

viande à dépecer (représentation de l'acte). Physiquement, la taille de leur cerveau augmente, celle de leur mâchoire diminue (celle-ci devient plus mobile). La langue, attachée plus bas dans la bouche, permet l'émission de sons plus variés.
Ils devaient utiliser des mots simples d'une syllabe liés à la vie, du type « eau-là-boue ».

Des onomatopées au langage électronique.

Les néanderthaliens (— 100 000 ans). La parole reste circonscrite à des mots isolés mais les activités s'affinent (création d'objets, pratiques d'inhumation...).

Enfin les *néanthropiens*, les fameux *homo sapiens* de − 50 000 à − 30 000 ans, accèdent au lange articulé. Ils ont un cerveau à voûte plus haute, de forme plus arrondie, des maxillaires inférieurs légers qui permettent les mouvements rapides de la prononciation. Ils vivent de cueillette et de chasse mais fabriquent des outils élaborés tels que des aiguilles et utilisent un langage articulé composé de ces sons de base que l'on appelle « phonèmes » : ceux-ci se combinent entre eux pour former des syllabes qui s'agencent elles-mêmes en mots : la « parole » est née. Entre − 9 000 et − 6 000 ans (époque « moderne » de l'histoire humaine) apparaissent les différentes langues avec leurs systèmes phonétiques, leurs vocabulaires et leurs structures grammaticales propres.

Cent syllabes à la minute
A l'heure actuelle sur l'ensemble du globe on parle environ 4 000 langues. Parmi elles, une douzaine ont une importance mondiale puisqu'elles concernent environ 2 milliards d'individus. L'homme du XXe siècle a des organes vocaux dont il modifie le fonctionnement avec une grande souplesse, en relation directe avec l'activité de son cerveau : en une minute, il peut prononcer une centaine de syllabes différentes qui mettent en jeu ses cordes vocales, l'expiration de l'air de ses poumons et les différentes positions de la langue, des mâchoires, des lèvres se modifiant en une fraction de seconde.
Ainsi parler signifie aujourd'hui « traduire une représentation, une notion acquise par l'homme, par l'expression sonore de son symbole : le mot ». Et toutes ces informations sur notre lointain passé confirment une donnée précieuse : il n'y a pas de parole en dehors d'une certaine élaboration de la pensée et il n'y a pas de pensée en dehors de la stimulation du milieu environnant, de l'action nécessaire sur ce milieu et de l'organisation en société de l'activité humaine. Autrement dit « au commencement n'était pas le verbe » ! Les hommes ont dû peu à peu isoler et abstraire des « représentations » de ce qu'ils vivaient.
C'est pourquoi agir sur ses possibilités d'expression, c'est contrôler mieux ses informations, les formes qu'on leur donne et à qui on les adresse.

Physiologie de la parole

Le langage est un système de signes socialisés et conventionnels. Il faut un code pour les combiner afin d'arriver à la production d'un mot chargé de sens.
La langue parlée est formée de sons ou phonèmes qui se combinent entre eux. En français nous en utilisons 36 (alors que pour l'écrit il n'y a que 26 lettres dans l'alphabet).
Ainsi a s'écrit a et se prononce [a] (patte) ou [ɑ] (pâle)
o s'écrit o et se prononce [ɔ] (folle) ou [o] (mot).
Cela permet de poser un signe par son et de faire des retranscriptions de mots écrits afin d'en étudier la prononciation, l'accentuation, l'intonation.

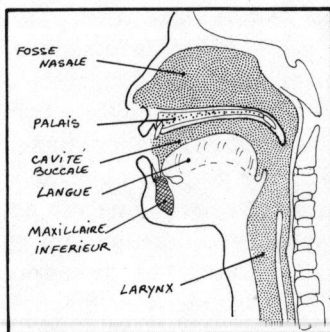

Parler est une activité du corps pour laquelle nous utilisons notre appareil phonatoire : le nez, les lèvres, les dents, la langue, la voûte du palais, l'arrière-gorge (glotte, épiglotte, larynx où se trouvent les cordes vocales).
Nous soufflons de l'air par nos poumons et lui donnons une forme pour produire un son précis à l'aide de nos cordes vocales qui se rapprochent et vibrent. Elles réduisent ainsi le passage de l'air qui vient ensuite buter sur les différentes parties de la bouche mises en place en fonction du son à produire.
Si l'on s'entraîne à prononcer les voyelles, on s'aperçoit que seule l'ouverture des lèvres et la position de la mâchoire changent tandis que la langue se bombe. Pour les semi-voyelles et

les consonnes, lèvres, langue, dents conjuguent leurs mouvements pour les produire.

En fait il s'agit d'un mécanisme complexe qui met en jeu le souffle et la résonance du souffle par un changement rapide de la place des différents organes : ils font barrage ou permettent le passage de l'air selon le but recherché avec des pressions et des vibrations multiples.

On ne sait plus « comment » on parle mais il peut être utile de s'entraîner à en prendre conscience lorsqu'on a des difficultés à utiliser son souffle, à prononcer certains sons.

Nous verrons ensuite qu'il est nécessaire d'allier le système auditif à cette possibilité de parler.

Il est important de saisir que la parole est une activité physique même si on a l'impression qu'elle sert avant tout à transmettre des idées, à communiquer. Elle nous paraît naturelle mais en réalité elle est le résultat d'un apprentissage complexe.

Comment a-t-on appris à parler ?

Mécanismes individuels

Essayer de retrouver pour soi-même l'histoire de sa propre accession au langage parlé est un exercice riche d'informations où l'on pourra repérer ce qui a pu être source de blocages ou de difficultés particulières comme ce qui a pu être stimulant.

De plus, dans un processus où se combinent le développement de l'intelligence, la stimulation affective des adultes et du milieu environnant, repérer pour soi-même ce qui a été déterminant, c'est pouvoir en avoir une certaine maîtrise, donc le compenser en tant qu'adulte.

Quels sont les mécanismes qui permettent l'acquisition du langage chez l'enfant ?

On a établi avec certitude qu'un enfant ne peut pas apprendre à parler s'il est privé de relations affectives avec des adultes : un enfant bien soigné physiquement mais isolé ne parlera pas, un enfant laissé au seul contact d'autres enfants en bas âge non plus. C'est parce qu'un enfant est dans un environnement où les adultes lui manifestent intérêt et affection qu'il pourra accéder au langage. D'ailleurs la langue acquise n'est-elle pas appelée *langue maternelle*?

Cela ne suffit pas, puisqu'il faut que l'enfant accède à un développement de l'intelligence pour être capable de franchir les seuils entre image ou action puis représentation et enfin symbole (abstraction).

Une lésion organique du cerveau, de l'audition ou des centres phonatoires compromet l'apprentissage, de même que certains troubles d'origine génétique (comme la débilité) ou des troubles psychologiques profonds (comme la psychose).

Étapes d'acquisition du langage

Vers un à deux mois l'enfant reconnaît la voix de sa mère, il sourit, émet des roucoulements.

Vers sept à neuf mois l'enfant gazouille, vocalise en émettant des sons très variés, sans relation avec son environnement.

De neuf à trente mois il prononce ses premiers mots, isolés, qu'il imite lors d'une situation vécue d'échange, ou de demande vis-à-vis de l'entourage « mama », « papa ». Il apprend très vite : s'il connaît un mot à dix mois, il peut en connaître quatre cents à trente mois. Les mots se combinent par deux pour former des messages plus complexes en mettant des mots pivots à la même place dans les phrases : « manger gato », « pati papa ».

De trente mois à six ans, il associe plusieurs mots dans un langage proche de ses actions ou besoins qu'il ponctue de nombreux gestes. Il commence à utiliser les mots grammaticaux, à conjuguer les verbes, à construire des phrases.

Vers six ans, l'enfant dispose d'un langage proche de celui des adultes : il manie environ mille mots spontanément et en comprend deux mille ; il est prêt à acquérir le code abstrait de l'écriture.

De zéro à six ans : l'acquisition de la langue maternelle.

Processus d'acquisition

Que s'est-il passé au sein de l'individu qui a appris à parler ?
Car le « ça vient tout seul » des mères qui disent qu'il n'y a pas
besoin de s'en occuper ni vraiment de parler à leur enfant pour
leur apprendre, est loin de traduire par quels mécanismes complexes cela s'est produit.

La langue parlée n'est ni innée ni acquise, mais le résultat
d'une recherche d'équilibre d'un sujet par rapport à son
environnement.

On peut distinguer dans l'organisme d'un individu l'*énergé-
tique*, le *mouvement*, la *perception*. Il s'établit chez un être des
processus « bio-comportementaux » qui sont des mouvements,
des échanges entre lui et son environnement, des sortes d'allées
et venues liées à ses besoins vitaux. Parmi ceux-ci, non seulement ceux qui lui permettent de se nourrir, de dormir, d'être
protégé du froid et du chaud, mais aussi le besoin affectif pri-
maire. L'affectivité est comprise pour un nouveau-né comme
une sorte de bain enveloppant fait de soins corporels, de
caresses, de regards, de gestes, et de la voix des adultes, de la
personne qui lui accorde le plus d'attention et de soins perma-
nents. En général, sa mère.

Il vit dans un ensemble de « tensions », agréables ou désa-
gréables selon les moments, entre son organisme et le milieu
extérieur. Un mouvement se crée entre lui et les autres : c'est le
début de la communication.

Ce mouvement est d'abord gestuel et s'organise peu à peu de
façon imitative : imitation volontaire du sourire, tendre les
bras, se dresser, tenir un objet...

Puis va apparaître le langage pour répondre au désir de l'enfant d'aller vers l'adulte et à celui de l'adulte d'aller vers l'enfant. Le langage aussi se contentera d'abord d'imiter, de faire
écho à la voix des adultes. Ce bruit deviendra parole quand
l'enfant développera ses premières formes stables, correspondant à une référence précise : « mama » pour une femme,
« boire » pour un besoin, etc. Reconnues et renforcées par les
parents, ces formes deviendront plus complexes : mono-mots
(« dodo »), puis bi-mots (« pati papa »), enfin phrases avec l'ap-
parition de la syntaxe.

Le langage aura ainsi remplacé une situation fictive (l'enfant
joue à boire, et l'adulte « fait semblant » avec lui) par une
phrase ou un mot qui la représente.

Influence du milieu

Si les parlers régionaux — et même les accents — s'estompent aujourd'hui, l'origine sociale d'un individu est encore très marquée par son langage. Même après des années d'efforts, celui qui dès deux ou trois ans a employé le mot « godasse » — avec

Même pays, même âge... deux langages différents.

l'intense investissement affectif de la petite enfance — aura du mal à se plier au mot « chaussure » qui vient naturellement à l'héritier d'une famille aisée et cultivée.
Parler, dialoguer avec un enfant est d'abord affaire d'espace.

Dans un lieu familial circonscrit, tendu, voire agressif, où les voix se superposent et doivent couvrir radio ou télévision, ce sera souvent difficile. Mais communiquer est aussi affaire de désir. Entre laisser en permanence l'enfant seul dans sa chambre et lui imposer du lever au coucher la fréquentation des adultes, peut-être y a-t-il un moyen terme. De même qu'entre le temps, pas si lointain, où on se taisait en présence des parents (« on ne parle pas à table ») et celui où les poupées qui chantent remplacent à bon compte le dialogue de l'enfant et de l'adulte.

.... Ariane, ma sœur de quel amour blessé vous mourûtes aux bords où vous fûtes laissée.

Un même langage scolaire pour tous.

La qualité des relations affectives est, elle aussi, fondamentale. On sait aujourd'hui que le bégaiement provient de difficultés psychologiques et se soigne — se guérit — comme tel. De même qu'une mère excessivement attachée à son enfant et qui « n'a pas besoin de parler pour le comprendre » peut lui bloquer l'accès au symbolique et au langage, de même l'abus du « langage bébé » ne facilite pas l'entrée dans la communauté sociale. Victor Hugo avait pressenti ces innombrables influences lorsqu'il écrivait : « Je suis au centre de tout comme un écho sonore. »

Influence de l'école

Aujourd'hui où l'enfant la fréquente souvent dès sa troisième année, l'école, même maternelle, joue un rôle considérable. Mais autant elle peut valoriser l'acquis déjà donné par la famille, autant elle en arrive — si le maître ne reconnaît pas les différences socio-culturelles — à refermer l'enfant sur lui-même ; silencieux, agressif, il se sentira gêné de sa différence, dévalorisé.

Évolution du langage oral

L'histoire du français parlé

Entre le latin vulgaire du Ve siècle et le français moderne, le chemin est long : roman, langue d'oïl et langue d'oc, francien au XIIIe siècle, puis moyen français, qui devient langue officielle en 1539 pour s'imposer comme langue écrite (avec l'Académie française et son dictionnaire). Mais c'est la IIIe République et l'école obligatoire qui amèneront — jusqu'à l'après 1968 ! — le recul des patois et des parlers locaux. Entre langue orale et langue écrite, l'écart subsiste toujours.

L'influence des médias

Apparus depuis soixante ans (radio) ou trente ans (télévision) les médias ont bouleversé le statut de la parole. D'abord on parle moins : conversation du marché ou réunion au coin du feu ont cédé la place aux repas en silence devant le petit écran. Combien de parents, pour recevoir tranquillement leurs amis, se résignent à installer un poste dans la chambre des charmants bambins ? Combien d'adolescents doivent attendre pour parler à leur père la fin du match de football ?
Dans le même temps, le langage et la voix s'uniformisent. Pour rendre compte d'un monde universel devant un vaste auditoire anonyme, le vocabulaire doit se standardiser, les expressions usagées ou atypiques s'effacer. Et sur les ondes s'impose une

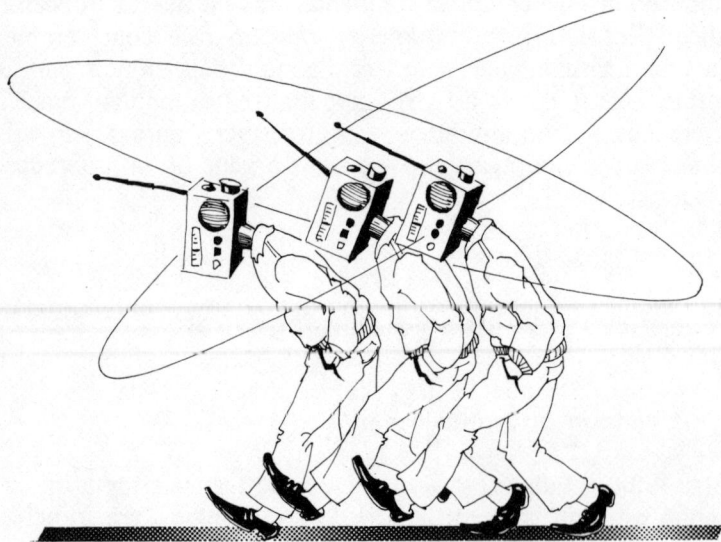

Sur les ondes, des voix uniformes.

voix moyenne, sans accent, dynamique. Disparues, les voix d'enfants, de vieillards, de créoles ou de Provençaux. A l'extrême, on trouve la « voix des aéroports » ou celle des speakerines radio, dénuées de colère ou de gaieté, de tendresse ou de gros mots.

Aujourd'hui, si on entend beaucoup, on écoute mal. Supermarchés ou halls de gare imposent un fond sonore indistinct au passant silencieux. La situation habituelle devient celle de récepteur, avec son corollaire de plus grande passivité. L'individualisation de la communication se renforce : même entouré de ma famille, je suis seul à recevoir le message des médias. A peine si de brefs commentaires, quelques exclamations, me seront permis. Constat négatif, mais la réalité est là : au milieu d'amis, de parents, de voisins, on parle moins et moins bien. La parole devient une pratique sociale, liée au travail, à l'entreprise, à l'école, où elle est organisée et hiérarchisée, et subit alors d'autres contraintes.

Et l'avenir ?

Le téléphone, la vidéo par câble, et bientôt d'autres formules nous permettront-ils de retrouver un usage spontané de la parole et une position active : redeviendrons-nous les émetteurs de nos propres messages ? C'est un des enjeux actuels. Un risque se profile avec le développement de l'informatique et de la télématique : le langage employé s'exprime en constructions binaires qui se soldent par « oui » ou « non », et peut à la longue influencer syntaxe, et forme de pensée des individus.
Robinson sur son île « parlait » à Vendredi. Le Vendredi de demain sera-t-il robotisé ? Peut-être le véritable problème devient alors l'effet des techniques nouvelles sur la situation de communication et la possibilité même de communiquer. Faire de notre parole notre plus fidèle serviteur : voilà à quoi nous nous proposons de vous entraîner.

Première étape : une « fiche d'identification » qui va vous permettre de lire la suite de ce livre et de pratiquer les exercices en ayant déjà cerné une partie de votre propre personnalité. Elle va vous aider à faire revivre des souvenirs, à vous concentrer sur vous-même. Répondez sans trop chercher savoir à quoi sert telle ou telle question. Ce n'est que lorsque vous aurez rempli l'ensemble de cette fiche que vous entr'apercevrez quelle est votre attitude face à la prise de parole.

EXERCICE n° 1

Connaissance de soi en situation d'émetteur

• Rédiger sa fiche d'identification permet d'écrire l'histoire de sa propre parole et de comprendre les conditions actuelles de sa manière de parler.

1. *Quelles sont vos origines ?*
   Pays   Canada
   Région   Québec

2. *Où avez-vous résidé ?*
   Petite enfance (0-4 ans)   Québec
   Enfance (5 ans-11 ans)   Québec
   Adolescence (12 ans-18 ans)   Ontario

3. *Pendant ces 3 périodes de votre vie dans quel type d'habitat résidiez-vous ?*
   En ville
   A la campagne
   Dans une maison individuelle
   Dans un habitat collectif

4. *Dans quel milieu socio-professionnel avez-vous vécu ?*
   Ouvrier-employé
   Rural-agricole
   Commerçant-artisan
   Classes moyennes
   Professions libérales
   Cadres supérieurs

5. *Quelles activités d'animation avez-vous pratiquées ?*
   Théâtre
   Atelier d'expression orale

Vidéo
Danse moderne
Musique et chant
Formations diverses
Enseignement
Animateur d'activités de loisirs (maison des jeunes
et de la culture ou autres...)
Aucune

6. *Quels sont les « partenaires » qui sont intervenus
   dans votre vie pour vous apprendre à parler et qui
   ont eu de l'importance pour vous ?*
   Pendant la petite enfance *parent*
   l'enfance *parent, moniteurs*
   l'adolescence *parent, amis, moniteurs*

7. *Classez-les par ordre d'importance*

8. *Avez-vous rencontré au cours de ces périodes des
   partenaires ou des situations vous empêchant de
   prendre la parole ?*
   Père-mère
   Autre
   Institutions diverses
   Accidents

9. *Avez-vous repéré vos attitudes dans la prise de
   parole en public ?*

ATTITUDES NÉGATIVES	ATTITUDES POSITIVES
contracté	à l'aise
envie de partir	plaisir de parler
essoufflé	déclenchant les rires
débit accéléré	chez les autres
débit lent	bonne gestion
voix aiguë-pointue	des idées
parler entre les dents	bonne présence
tremblements-sueur	esprit de repartie

télescopage des idées	attitude d'ouverture
bafouillage	curiosité
peur de communiquer	intellectuelle
tendance à confisquer	bonne modulation
la parole	voix grave-basse
peur des groupes	aptitude
importants	à donner la parole

Voici maintenant quelques exemples vous permettant de mieux décoder vos réponses :

Questions 1/2/3
Si vous avez été élevé à la campagne et isolé d'autres enfants, c'était avec la nature que vous communiquiez et vous ne devez pas aujourd'hui être très à l'aise face à un public important.

Question 4
Regardez bien à nouveau le dessin de la p. 29. Il illustre la source de bien des malentendus.

Question 5
Si vous avez pratiqué une activité d'animation sociale ou d'expression vous possédez déjà quelques atouts.

Questions 6/7/8
Si, au moment de vous coucher, votre grand-mère vous racontait des histoires dans le plus pur style de la tradition orale, vous avez peut-être des talents de conteur insoupçonnés. Profitez-en pour comparer l'influence que peut avoir la télévision sur les jeunes enfants.

Question 9
Cochez dans chaque colonne les attitudes qui vous caractérisent et faites le bilan vous-même. Vous saurez ainsi quels sont les chapitres qui vous concernent plus particulièrement.

Il n'y a pas de profil type du bon orateur : chacun doit trouver l'originalité de son style et l'améliorer en apprenant à maîtriser ses qualités et ses défauts.

Qu'est-ce que la communication ?

Voici maintenant quelques notions simples de linguistique où beaucoup d'entre vous découvriront l'analyse et la codification des divers phénomènes qui entrent en jeu dès qu'il y a expression orale. Cette approche théorique nous révèle là encore certains paramètres dont nous sommes la plupart du temps inconscients : importance du « canal », du « code », phénomène de « feed-back », différentes fonctions linguistiques...

Une fois maître de l'outil qui s'appelle la langue parlée, qu'en faisons-nous ?

Ce qui guide le fait de parler, nous l'avons vu chez l'enfant, c'est le plus souvent le désir d'établir des rapports avec les autres.

Même s'il existe d'autres moyens de communication tels que le regard, les gestes, le toucher, les codes lumineux et des codes visuels, la langue parlée reste à ce jour l'outil le plus souple et le plus varié dans ce domaine.

A l'heure actuelle, scientifiques et linguistes ont les mêmes théories sur la communication : il ne s'agit pas seulement de produire un message mais aussi de le recevoir. Communiquer, c'est avoir la notion du message à émettre mais aussi savoir qui le reçoit et comment.

Voici les différents éléments nécessaires pour qu'une vraie situation de communication existe :

Une personne parle : c'est *l'émetteur*. Elle transmet un *message* à quelqu'un : *le récepteur*. Elle emploie pour cela une langue connue des deux : *le code ;* elle « encode » son message en français pour le prononcer et les sons émis sont « décodés » par celui qui les entend. Pour que le message passe, il faut un support qu'on appelle *canal de communication* (présence physique

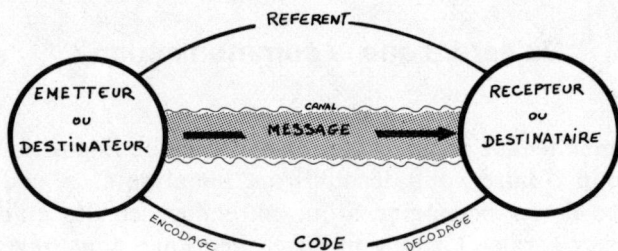

des deux personnes) et un contexte de situation commun à ces deux personnes (échange dans un bureau, dans la rue, etc.) : *le référent.*

Reprenons chacun de ces éléments :

L'émetteur

C'est celui qui émet le message. Il a l'initiative de la situation de communication. Ce peut être un individu (le plus souvent) ou un groupe (comité de rédaction d'un journal, manifestants dans la rue...). Dans un échange oral, l'émetteur est celui qui parle : il a le choix du code, de la langue qu'il utilise pour s'exprimer...

Le récepteur

C'est celui qui reçoit le message. Dans une situation de communication orale, le récepteur devient à son tour émetteur : on dit alors qu'il y a *échange.* Lorsqu'il n'y a pas d'échange, il s'agit alors d'une simple *diffusion* (émission de radio, télévision, discours...).
Dans la situation qui nous concerne, on suppose qu'émetteur et récepteur sont des personnes ayant un contact direct dans le temps et le plus souvent dans l'espace (sauf dans le cas d'un

échange téléphonique ou d'un échange par vidéo-câble) et que les situations d'émetteur et de récepteur sont interchangeables.

Parler en public peut être compris comme parler à une personne ou à un groupe de personnes en situation professionnelle ou lors d'un échange produit par des relations sociales précises : s'adresser à un client, à un administré, à un patient, transmettre un communiqué à un groupe de gens, faire un exposé suivi d'un débat, un discours...

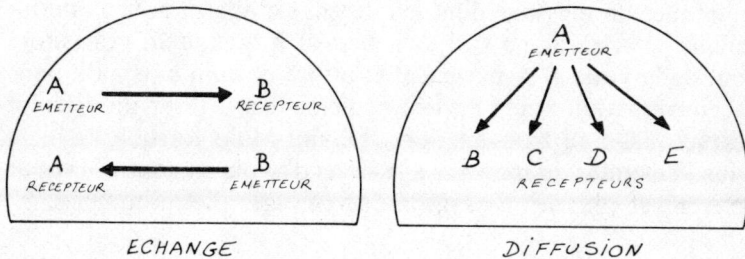

échange téléphonique ou d'un échange par vidéo-câble) et que

Le canal

Pour que le message passe de l'émetteur A au récepteur B il faut qu'un contact s'établisse : c'est le canal de communication. C'est-à-dire le milieu physique, social, psychologique et les moyens techniques auxquels un sujet parlant a accès pour faire parvenir au destinataire son message : c'est l'intonation que vous choisirez pour vous faire mieux comprendre, le fait d'être près ou loin, comment vous « accrocherez » son attention pour qu'il fasse plus qu'entendre votre message, pour qu'il le comprenne, soit désireux de le découvrir.

Le référent

Le message s'appuie sur un contexte auquel il renvoie.
On distingue le *référent situationnel* : A et B se trouvent dans une même pièce où il y a une table et deux chaises. A dit à B : « Voulez-vous vous asseoir ? » A et B sont dans un wagon de métro où il ne reste qu'une place. A dit à B : « Voulez-vous vous asseoir ? » Les mots sont les mêmes, pourtant on les comprend différemment.
Puis apparaît le *référent textuel* : A raconte à B ses vacances, il évoque un décor, un cadre, des faits, des personnages absents de la réalité mais présents à travers son discours, discours que B comprendra mieux dans la mesure où lui-même en a déjà l'expérience. Chacun comprend combien il est difficile de communiquer un message dont le référent est absent pour l'interlocuteur. (Parler d'une sortie en bateau à quelqu'un qui ignore tout de la voile...) A parle à B et utilise ce qu'il a déjà dit dans la conversation : cela revient également à utiliser un référent textuel. « On se trouvait donc à Saint-Malo lorsque... »
Plus l'émetteur du message a le souci d'avoir un contrôle sur ce référent et plus le message a des chances d'être compris.

Le code

Pour parler, il faut que A et B disposent du même code : la langue française par exemple. Ce code est, dans le cas de la parole, l'ensemble des règles permettant de combiner des sons et de construire des unités significatives.
Pour parler, A *encode* son message en émettant des sons selon ces règles et B entendant le message le *décode* selon ces mêmes règles. Mais il ne suffit pas que ces opérations soient faites pour que la communication soit totale ! En effet, même lorsqu'on emploie le même code, la même langue, on ne connaît pas forcément les mêmes mots de ce code :

Utiliser un même code pour se comprendre.

A a un répertoire important.
B a un faible répertoire.
A ne pourra transmettre à B que ce que B reconnaît dans
le discours de A : on parle alors d'une communication
partielle.
Exemples : Un touriste anglais parle à un Français sachant
quelques mots d'anglais :

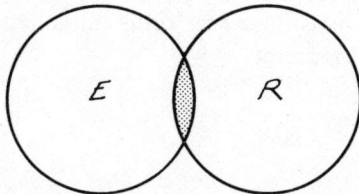

Un professeur utilise un vocabulaire technique important dans
un cours s'adressant à des débutants :

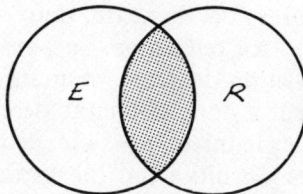

Mais deux personnes d'un même milieu social, ayant fait les mêmes études, parlent d'un loisir commun :

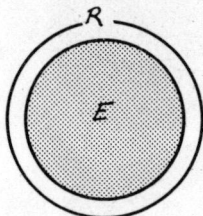

Pour que la communication s'établisse il faut non seulement employer le même code mais vérifier que les éléments du code sont compris par le récepteur.

Si vous avez le même message à transmettre à un enfant de six ans ou à un membre de l'Académie française, en supposant que vous ayez vous-même l'usage de tous les mots possibles, vous « n'encoderez » pas votre message de la même façon !

L'essentiel pour celui qui émet un message est, d'une part, d'avoir un vocabulaire assez étendu et, d'autre part, de s'adapter à son interlocuteur.

Deux notions n'apparaissent pas dans ce qui précède et, pourtant, elles jouent aussi leur rôle dans un échange oral : ce sont le bruit et la redondance.

Le bruit

On appelle ainsi tout phénomène qui voile le message lors de sa transmission : un bruit réel, extérieur, mais aussi un mot mal prononcé, une inattention passagère de votre interlocuteur. Lorsqu'il s'agit de messages écrits, le « bruit » peut être une coquille dans l'impression du texte, deux lignes interverties, une faute de frappe. Au téléphone, un parasite dans la transmission, la superposition de deux communications constituent des bruits. L'émetteur a donc la charge de contrôler le volume de sa voix, d'articuler le mieux possible, de régler le débit de sa voix pour éviter les « bruits » qui lui seraient imputables.

Détournement d'attention.

La redondance

Elle permet au contraire de compenser la perte d'un son dans l'échange oral. Si je dis « la petite fille est heureuse », *la* petit*e* heureus*e* viennent confirmer le féminin fille. Ainsi, dans une langue, on estime que la moitié des informations sont inutiles mais la redondance qu'elles produisent dans le message lui permet d'être comprise.

On imagine mal quelqu'un qui dépouillerait son expression au point de parler en langage télégraphique pour ne donner que des informations utiles. Au contraire, l'échange oral favorise la redondance du message : les gestes que vous faites, l'expression de votre visage, le ton que vous employez soutiennent votre message d'une façon redondante et lui permettent d'être mieux reçu.

L'anecdote de la personne qui met ses lunettes pour mieux « entendre » renforce cette idée qu'un message, soit dans son émission même, soit par les gestes qui l'accompagnent, doit être redondant. Encore faut-il ne pas surcharger son message de signes qui viendraient le brouiller : gesticuler, rouler des yeux peuvent être des éléments indiquant votre conviction mais ils risquent de « perdre » votre interlocuteur. C'est pourquoi il sera important, au-delà du message lui-même, de s'attacher à maîtriser son attitude corporelle, les gestes que l'on fait, l'expression que l'on a (voir p. 56). Sans aller jusqu'au contrôle exigé des artistes dramatiques, connaître son « image » est important.

Les différentes fonctions linguistiques

Les définitions qui suivent sont un peu savantes, mais recouvrent des notions simples puisque, tel Monsieur Jourdain qui faisait de la prose sans le savoir, nous manions la linguistique dès que nous ouvrons la bouche pour parler.
Le langage a six fonctions distinctes auxquelles il est rare que nous fassions appel de façon totalement isolée, mais mieux vaut les connaître, ne serait-ce que pour respecter leur équilibre à l'intérieur d'un discours. Trop de l'une ou trop peu de l'autre surcharge ou appauvrit un discours, à moins que cela ne soit voulu pour lui donner une couleur particulière.

La fonction *expressive* (centrée sur l'émetteur) est celle qui traduit la relation émotive entre l'orateur et son message (ton, intonation, attitude) : ainsi, chez un artiste qui « vit » son texte ou qui est capable de prononcer « nous voilà » de vingt manières différentes, alors qu'il s'agit de deux mots bien banals.
Parler en public en faisant essentiellement appel à cette fonction suppose que votre auditoire partage votre vécu émotionnel sous peine d'être dérouté.

La fonction *conative* est orientée sur la réception ; il s'agit le plus souvent de phrases impératives : « Asseyez-vous », « Écoutez-moi »...
Elle est fréquemment utilisée dans les situations de commandement. Isolée, elle donne un caractère péremptoire aux propos tenus. A éviter si vous voulez suggérer ou convaincre...

La fonction *dénotative* est centrée sur la personne, la chose, l'action dont on parle, dont il est question. « Albert, dont je vous ai déjà parlé, est parti pour l'Angleterre. »
Si vous abusez de cette fonction, c'est peut-être par souci de clarté, mais attention qu'elle ne produise pas l'effet inverse ou n'appauvrisse le discours !

La fonction *phatique* n'a pour but que de maintenir la communication : les mots utilisés dans ce cadre-là n'ont pas de valeur significative en eux-mêmes. Par exemple le « allô » du téléphone, le « dis maman » d'un jeune enfant, ou tous ces « hum », « eh bien, alors » dont nous ponctuons nos phrases le temps de trouver la suite.
Cette fonction ne peut se prolonger éternellement ! Elle permet seulement de ne pas interrompre brutalement un échange. Mais elle est déconseillée si vous souhaitez aller droit au but de votre énoncé (face à un homme d'affaires surchargé de travail ou pour présenter une requête !).

La fonction *métalinguistique* consiste à faire référence au langage lui-même. « Qu'avez-vous dit ? », « Comprenez-vous ? », « Que veut dire tel mot ? ».
Si cette fonction apparaît trop souvent, la preuve est faite que vous n'utilisez pas un « code » adapté à votre public. Méfiance !

Enfin la fonction *poétique* (rien à voir avec la notion habituelle de « poésie ») est celle qui consiste à choisir les mots les mieux agencés, les plus expressifs, aux sonorités qui conviennent le mieux, etc. *Exemple* : on dira plutôt « Albert et Léonard » que « Léonard et Albert », cela « sonne » mieux à l'oreille.
C'est essentiellement sur cette fonction que repose la qualité d'un discours, d'un échange ou de la simple transmission d'une information. Elle fait appel à deux aspects de notre comportement verbal : la *sélection* et la *combinaison* des mots. Certaines personnes ont une intuition quasi naturelle (elles sont « douées » pour la parole, savent trouver le mot juste, à la bonne place). D'autres doivent faire un effort pour acquérir cette aisance : la lecture d'ouvrages diversifiés peut largement les aider, ainsi que l'écoute attentive d'orateurs plus confirmés.

Le feed-back

Dans la relation de face-à-face, l'émetteur doit prendre en compte les réactions du récepteur ou du public. Elles peuvent se manifester par des réactions de langage non verbal et aussi par des questions orales. Les réactions ainsi observées permettent d'ajuster la forme et le contenu du message. C'est un jeu de communication qui demande un contrôle de l'évolution du message en cours d'émission. Cette technique s'appelle le feed-back.

Ce terme anglais signifie « alimentation en retour ». Il désigne les signaux qui permettent de contrôler une opération en cours. Dans une situation de communication, il s'agit de la réponse à un message émis, d'une information en retour indiquant que le message est reçu ou non. Selon les circonstances, le feed-back est une réponse réelle (dialogue, téléphone) ou non verbale (attitude des gens qui écoutent : expression des visages,

Recueillir des informations en retour.

gestes indiquant si ce qui est dit est compris par l'autre — le récepteur. Dans le cas contraire, on est amené à modifier son vocabulaire ou sa façon de parler, ou encore à répéter ce que l'on a dit en veillant à être entendu (voir p. 86).

Tout cela signifie que la communication, c'est l'information plus le feed-back. Prenons un exemple : la télévision. Elle n'est pas actuellement un outil de communication puisque le téléspectateur reçoit passivement des informations. En revanche, quand la télédistribution sera mise en place, et quand les téléspectateurs seront eux-mêmes producteurs d'émissions (feedback), alors on pourra parler d'un nouveau « moyen de communication ».

Qu'est-ce qu'un public ?

Ce qu'on nomme de façon très vague le « public » est au départ un groupe de personnes réunies par le fait qu'elles assistent à une même prestation : récital d'un chanteur, match sportif, conférence, réunion du conseil municipal... Sauf dans le cas des médias (radio, télévision), les membres du public sont réunis dans un même lieu physique : salle de spectacle ou de réunion, amphithéâtre, lieu de travail...

L'image caricaturale qu'évoque le fait de parler en public est celle d'un orateur savant, discourant seul, face à une assemblée qui l'écoute passivement. Mais il est bien évident que des circonstances beaucoup plus banales de la vie sociale ou professionnelle provoquent une prise de parole publique : l'élève ou l'étudiant qui doit faire un exposé face à sa classe ou son amphithéâtre, l'enseignant qui fait tout simplement son cours, l'élu municipal défendant un projet devant les autres conseillers, le responsable d'une association dressant le bilan d'une action et, surtout, dans les entreprises et les administrations, le cadre qui explique une décision, le délégué du personnel qui rend compte d'une négociation, un brainstorming où chacun doit s'exprimer.

Vous découvrirez que dans ce livre nous avons parfois admis
que le public pouvait ne se composer que d'une seule personne : interview par un journaliste, entretien de recrutement,
conversation téléphonique. Dans ces situations-là, savoir s'exprimer oralement est primordial puisque la parole est le principal outil relationnel à votre disposition.

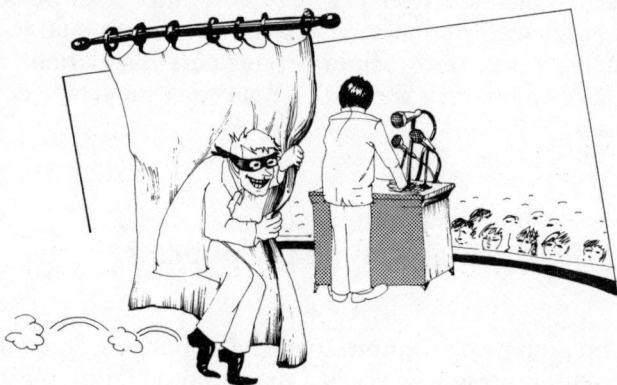

Toute prise de parole en public est une forme de spectacle.

Pour nous, la notion de « public » correspond donc à toute personne, groupe ou assemblée très directement concernés par vos
propos et par lesquels il s'agit de vous faire entendre et comprendre afin de valoriser votre fonction, vos idées et votre personnalité.

Caractéristiques d'un public

Un public peut être *homogène* (habitants d'une même ville,
salariés d'une même entreprise, classe d'élèves du même âge)
ou *hétérogène* (personnes d'horizons très divers). Ce public
peut être *connu* (réunion de travail entre cadres d'une entreprise, étudiants en fin d'année) ou *inconnu* (assemblée générale
d'actionnaires, déjeuner-débat, discours électoral).

Son attitude peut être, *a priori, favorable* ou *hostile.* Il peut se montrer *actif* ou *passif* (on est le seul à parler ou non). Autrement dit, voilà autant de facteurs à intégrer avant de prendre la parole. Selon les cas vous serez plus ou moins familier, sur vos gardes ou en confiance, prudent ou audacieux. L'important est de « sentir son public ». Un comédien sait, par expérience, que certains soirs il faut qu'il en « fasse » plus. Une nouvelle preuve de l'importance du feed-back (nous l'avons évoqué précédemment de façon théorique et nous y revenons plus loin de façon concrète). Voyons maintenant quels types de public vous pouvez être amenés à « affronter » :

FICHE n° 1

Les types de public

Combien ?	*Quand ?*
1 personne (Émetteur face à un récepteur)	Entretien d'aide, d'écoute Interview Conversation téléphonique Tête-à-tête (négociation, recrutement...)
De 2 à 10 personnes (Émetteur face à un petit groupe)	Bureau municipal ou d'un Conseil d'administration Réunion dans un bureau Repas d'affaires Examen face à un jury
10 à 30 personnes (Émetteur face à un groupe moyen)	Conseil municipal Conseil d'administration d'une entreprise ou d'une association Classe d'élèves ou d'étudiants en travaux dirigés Comité d'entreprise
De 30 personnes à plusieurs milliers (Émetteur face à un groupe important)	Débat public Assemblée du personnel Rassemblement populaire Meeting politique local
Foule	Défilé politique ou syndical Meeting national

Il est bien évident que parler à un petit groupe d'employés dans un bureau ou faire un discours devant une assemblée générale du personnel sont des prestations différentes. Tout comme un cours devant vingt ou deux cents personnes. Soyons honnêtes : la grande majorité d'entre nous est plutôt appelée à prendre la parole devant des groupes petits ou moyens, au cours de son travail ou de ses loisirs. Parler à des groupes très importants, voire à la foule, reste une situation exceptionnelle réservée aux leaders politiques ou syndicaux, à certaines personnalités et à ceux dont c'est le métier (animateurs de débats, journalistes de l'audiovisuel...). Et de toute façon, pensez-vous qu'il soit possible de prendre la parole devant une foule si on en est incapable devant dix personnes ? Ou même, pour commencer, devant une seule ? Apprendre à parler en public est donc finalement un entraînement quotidien dans le cadre de sa vie... quotidienne.

II.

CE QU'IL FAUT SAVOIR FAIRE

Quel orateur êtes-vous ?

Certaines personnalités politiques s'entourent d'observateurs et de conseillers réunis au sein d'un « groupe image ». Ils sont chargés de juger toute intervention en public de leur « leader » et de lui faire des remarques constructives. Vous n'en êtes certainement pas encore là ! Mais sur le même modèle, vous pouvez demander à une ou plusieurs personnes en qui vous avez confiance de surveiller vos prestations. Au pire, si vous avez pris soin de vous enregistrer lors d'un exposé, d'un débat ou d'un discours, vous ferez l'exercice de la page 53 seul face à votre magnétophone. Cet exercice se présente sous la forme d'un questionnaire divisé en quatre parties :

- L'image que vous « envoyez » (qui ?)
- Comment le public la reçoit (à qui ?)
- La manière dont vous utilisez votre voix (comment ?)
- Le contenu de vos interventions (quoi ?)

Voici maintenant comment, de son côté, le public peut vous juger : la méthode va peut-être vous sembler scolaire ! Elle a pourtant le mérite de vous obliger à recueillir des données précises sur vos défauts et vos qualités actuels, de manière que vous sachiez ce qui, dans la suite de ce livre, vous concerne personnellement.

FICHE n° 2

Qui dit quoi à qui et comment?

Il vous faut absolument être en mesure de répondre à cette quadruple interrogation chaque fois que vous prenez la parole.

● *Qui?* (qui suis-je, en quelle qualité est-ce que j'interviens ?) dans quelle forme est-ce que je me trouve (vais-je pouvoir compter sur ma mémoire, sur ma voix...?) Quelle image a-t-on de moi (le public me connaît-il? M'est-il favorable?).

● *Quoi?* De quoi vais-je parler? Quelles sont les limites de mon sujet? De quelles informations puis-je disposer?

● *A qui ?* Quel est mon public? (Voir p. 49.) Puis, au fil de l'intervention, est-il attentif? Comprend-il le sens de mes propos?

● *Comment?* Aurai-je besoin d'un micro? Est-ce que je ne parle pas trop vite? Suis-je clair ?

En répondant honnêtement à de telles questions, vous pouvez déjà discerner si, dans une circonstance précise, vous êtes en mesure de prendre la parole dans de bonnes conditions.

Vous avez le choix entre des réponses positives ou négatives : sur certains points, vous ferez peut-être des réponses neutres. Dans ce cas, portez d'abord vos efforts sur vos défauts les plus évidents, quitte à ne travailler que plus tard vos points « neutres ».

EXERCICE n° 2
Quel orateur êtes-vous ?
Mettre une croix dans la case

L'IMAGE QUE L'ON ENVOIE			
Allure	bien dans sa peau	☐	hypertendu ☐ contracté ☐
Présence	dynamique	☐	air absent ☐
Attitudes gestuelles	expressives	☐	artificielles ☐ exagérées ☐

LA VOIX			
Volume de la voix	adapté au public et à l'espace	☐	trop faible ☐ trop fort ☐
Débit-rythme de la parole	équilibré	☐	trop rapide ☐ trop lent ☐
Diction-articulation	facile à comprendre	☐	inaudible ☐ bafouillage ☐

LE CONTENU			
Gestion de la pensée et plan de l'intervention	bonne construction	☐	digressions ☐ incohérences ☐
Syntaxe/vocabulaire	corrects	☐	négligés ☐ populaires ☐ argotiques ☐
Informations	percutantes ☐ bien documentées ☐		légères ☐ sans intérêt ☐

LES RÉACTIONS DU PUBLIC			
Attention du public	soutenue	☐	inégale ☐
Niveau de compréhension par le public	élevé (majorité)	☐	faible ☐
Commentaires et réactions du public	nombreux	☐	nuls ☐

Connaissance de soi-même
en situation d'émetteur

Sortir de soi

Comment sortir de soi pour atteindre la réalité des autres ? Prisonnier, consciemment ou non, de la difficulté « d'aller vers les autres », d'une tradition, d'une contrainte à prendre la parole, il faut d'abord vaincre ses propres résistances, sa propre subjectivité. Les conditions de la communication doivent permettre d'échanger des messages ayant une signification pour l'émetteur et le récepteur. Chacun de nous est enfermé dans sa conscience personnelle, son système d'opinions. Notre « univers privé » doit donc prendre conscience de celui « de l'autre » qui vit les mêmes phénomènes. « Il est (ils sont) comme moi, je vais pouvoir le (les) contacter, lui (leur) parler, nous sommes dans un rapport d'égalité, dans la même situation... »
On peut fausser volontairement la communication ou jouer avec elle pour mystifier autrui... Ainsi après certaines réunions, combien de fois n'entend-on pas : « Tu as vu, je l'ai mis dans ma poche. »
Plus ce que nous voulons dire est intime et personnel, plus nous serons incompris. Le langage, donnée sociale, réalité collective, n'est pas fait pour échanger le vécu personnel qui, bien souvent, est au-delà des mots.
Le cadre de référence de l'émetteur est le système des opinions, des idées, de l'expérience, du savoir et aussi celui de ses normes et de ses valeurs. Il est bien autre chose que la langue utilisée. Il sera le support informel des choses dites qui, à un moment déterminé, sont le résultat d'une expérience, d'un vécu plus lointain. On en déduit facilement que le répertoire de l'émetteur n'est pas seulement l'ensemble des mots qu'il pourrait utiliser ou dont il dispose, mais aussi l'ensemble des significations qu'il donne à ces mots.
Ainsi l'émetteur a plusieurs attitudes possibles envers les destinataires du message et en fonction de la situation de communication.

Attitude sociale

Il s'agit de la manière dont l'émetteur accueille les autres, favorise l'échange, accepte les différences (âge, habillement, allure, difficultés d'expression). Exemple : un patron recevant ses employés dans son bureau ou un formateur ses futurs élèves.

Attitude envers l'individu

C'est le jeu subtil de l'image que l'on se fait des autres. Ici interviennent les notions de sentiments (sympathie, antipathie), le jeu complexe des premières réactions vers ou contre ! Les sentiments sont souvent induits quand il s'agit de gens recon-

Connaissez-vous votre image ?

nus ou familiers. Pour les autres, si vous vous fabriquez des idées *a priori* ou des préjugés défavorables, votre message sera largement dévié de son but initial. Les attitudes se façonnent au moment de l'émission du message et jouent un rôle prédominant dans l'accueil du contenu. Si vous prenez vos interlocuteurs pour des adversaires dangereux ou s'ils pensent que vous les prenez pour des imbéciles, votre communication sera difficile ! Dans le jeu de la communication il existe d'autres règles entre l'émetteur et le récepteur. Ainsi, dans la communication sociale, l'importance de ce qui se fait ou ne se fait pas (le convenable, les obligations). L'expérience et l'aisance permettent de contrôler cette notion des conventions préétablies. De même l'influence du statut social de l'émetteur dans ses rapports avec celui des récepteurs. La distance sociale existe par exemple dans les systèmes de hiérarchie (entreprise, administration).

L'image que l'on envoie : communication non verbale

La communication non verbale, voilà qui peut vous sembler quelque chose d'inconnu ou d'abstrait : pourtant à chaque instant de la vie quotidienne vous la vivez. Par exemple, quand vous êtes assis à une terrasse de café et que vous attendez quelqu'un, vous trompez cette attente en dévisageant les gens, en imaginant qui ils sont. Vous regardez leur visage, leurs mimiques, leur façon de marcher, leur habillement et vous enregistrez des informations, des impressions qui façonnent l'image, l'idée que vous vous faites d'eux.
Autre exemple : quand quelqu'un entre dans votre bureau, il a une certaine manière de frapper à votre porte, sa démarche peut être énergique ou lente, sa poignée de main vigoureuse ou molle. Vous regardez ses vêtements et, tout en enregistrant ces informations, vous commencez à vous faire une idée de votre (ou de vos) interlocuteur(s). C'est cela le langage non verbal. Bien sûr, il fonctionne dans les deux sens. Quand vous prenez

la parole devant un groupe ou un public, on vous dévisage, on vous détaille : vous avez droit à une véritable « inspection ». Quel rapport avec le fait de parler en public ? Le langage non verbal détermine les conditions psychologiques de votre prise de parole : ou le public vous est *a priori* favorable car il vous sent proche de lui (phénomène d'identification) ou alors il vous rejette, car il vous juge trop différent. Il vous faudra alors déployer tout votre talent pour convaincre et vous faire accepter.

L'étude de la communication non verbale, c'est-à-dire celle qui n'utilise ni le langage parlé ni l'écriture, permet de comprendre les comportements. Bien avant de communiquer par oral nous déclenchons tout un réseau de codes, de signes, d'informations :

FICHE n° 3

Exemples de communication non verbale

Mouvement du corps : démarche, attitude.
Caractéristiques physiques : âge, morphologie, gestes, milieu culturel.
Comportements de contact : les gestes qui entraînent un contact physique, les bras, les mains.
Le para-langage : les phénomènes qui accompagnent le langage verbal (le son de la voix, son ampleur), ou qui se présentent seuls (toux, grognements, tics, rires...).
L'espace : tout ce qui se rapporte aux relations de l'individu avec l'espace, son territoire de vie sociale ou professionnelle (appropriation, défense, protection) : « mon bureau, ma maison, ma voiture... ».
Le regard : regard qui transperce, regard en dessous...
Les mimiques : les grimaces, les différentes expressions.
Les accessoires : ce sont les apparats et ce qui « habille » l'individu au sens large (vêtement, parfum, lunettes, voiture, décorations...).
Les facteurs de l'environnement : tout ce qui entoure et constitue le décor (mise en scène, mobilier, éclairage, tableaux...).

Cette énumération doit vous permettre de prendre conscience de tout ce que votre auditoire perçoit avant même que vous ne preniez la parole, puis pendant que vous parlez. Nous allons analyser ces phénomènes en détail.

L'apparence et la manière de se tenir et de se déplacer

L'allure générale, le maintien, les postures préférées sont des signes. Ils expriment le milieu, l'éducation reçue, l'état habituel ou momentané, les intentions générales (calme, agressif, indifférent, nonchalant, inquiet, fébrile, à l'écoute...). La démarche, le port de tête, les mouvements corporels sont donc des indices dont il faut tenir compte avant de prendre la parole.

Les mimiques

L'anatomie du visage fait ressortir tous les muscles à fleur de peau. Le visage peut exprimer le doute, l'interrogation, le refus, l'acceptation, des émotions intérieures. Ce para-langage expressif est particulièrement utilisé par les mimes qui accentuent l'expression de leur visage pour pallier l'absence de langage oral, et qui renforcent à outrance le jeu relationnel pour qu'il puisse être déchiffré.

Quand on prend la parole en public, il faut particulièrement maîtriser ce qu'on exprime par les mimiques de son visage.

Qui dit quoi ?

EXERCICE n° 3

Décodage de la démarche

Cet exercice doit vous permettre de développer votre sens de l'observation, et d'interpréter les signes que vous enregistrez, tel un marin qui regarde les signaux d'un sémaphore et qui les décode pour en comprendre le sens.

On vous propose de « jouer » avec quelqu'un de votre entourage, ou seul devant une glace, les attitudes proposées. Vérifiez si les différentes démarches correspondent bien à l'interprétation exprimée.

Observez les attitudes suivantes :

- *Démarche calme, mesurée :* sujet équilibré pondéré, fermeté d'esprit, détermination dans la décision.

- *Démarche lente, jambes écartées, ventre en avant :* sujet gonflé de son importance, aimant les effets, les accessoires.

- *Démarche lente, mais nonchalante :* lassitude, indécision, ennui, accès de paresse et de découragement.

- *Démarche alerte et vive :* enthousiasme, résolution, et joie de vivre.

- *Démarche fière, du fonceur :* individu « bien dans sa peau » sans inhibition, mais parfois un peu « bluffeur ».

- *Démarche hésitante :* timidité, inhibition, manque de confiance en soi, crainte perpétuelle.

- *Marche à pas comptés, arrêts :* esprit méticuleux, minutieux, soucieux de ne pas déplaire.

Si vous êtes en désaccord avec les interprétations proposées, discutez-en avec votre entourage, entraînez-vous à regarder les gens qui vivent autour de vous et essayez d'apporter une interprétation à leur démarche.

Ainsi les problèmes personnels, intimes, ne doivent pas transparaître sur le visage : ils altéreraient la nature de la communication.

« Avoir une tête de circonstance » signifie, lorsque l'on parle, adapter les expressions de son visage au type du discours : on ne prononce pas un éloge funèbre d'un air rigolard pas plus qu'on ne félicite deux jeunes mariés avec une tête d'enterrement.

Plus l'information est difficile à faire passer, plus vous devez permettre qu'on lise sur votre visage. L'idéal est, en toute circonstance, de souligner par vos expressions les passages les plus importants de vos interventions.

EXERCICE n° 4

Les expressions du visage

Découvrez l'expression de votre visage. Placez-vous devant une glace et jouez avec les muscles du visage (joues, yeux, paupières, bouche, front, etc.)
- l'étonnement, la surprise
- le contentement, l'accord
- le refus, le blocage
- la peur, la crainte
- l'énergie, l'avidité
- la mollesse, la fatigue
- la sensualité, le désir
- le charme (dandy, Roméo et Juliette...)
- l'amabilité
- le découragement
- la satisfaction
- le sommeil profond
- la lourdeur
- le manque de caractère
- le besoin d'action
- le courage, l'agressivité
- la juvénilité

A vous de compléter pour d'autres expressions.

Le visage nous renseigne *par des traits durables* : sur l'âge, le sexe, l'ethnie. *Par son aspect :* cheveux courts, longs, calvitie, la couleur des yeux, l'harmonie. Il existe aussi d'autres signes qui, eux, sont *modifiables* et apparents : coiffure, maquillage, barbe, lunettes, perruque, chapeau. Puis enfin les mimiques, système de signes reflétant des situations, des émotions, des états : bâillement, rire, sourire, pleurs... soit toute la théâtralité du visage.

Les regards

On parle aussi du « langage des yeux ». Comme il y a le langage du corps, ou du visage, le regard est lui aussi un émetteur. Il faut s'entraîner à saisir le regard de nos partenaires (bien souvent, nous le vivons naturellement dans la vie affective et amoureuse !). Il faut aussi être capable de maîtriser son propre regard ; il représente un aspect de notre personnalité. Tout le monde sait qu'il est difficile de communiquer avec des interlocuteurs qui ont un regard fuyant, « en dessous » !

EXERCICE n° 5

Les divers types de regard

Se familiariser avec les divers types de regard et prendre conscience de ses capacités d'expression.

Cet exercice est important car il doit vous faire prendre conscience de la capacité de votre regard à se concentrer sur celui de vos partenaires quand vous prenez la parole devant un public. On dit d'un orateur, d'un professeur, d'un homme politique qu'il a un regard « magnétique », « envoûtant ». Les yeux jouent un rôle important dans la relation orale en public : ils peuvent aider à « tenir son auditoire ». Ils doivent être mobiles et exprimer la vie. Ils doivent aussi renseigner sur l'état de réceptivité du public. Grâce à cet exercice, découvrez la multitude des types de regard. Inventez-en d'autres... Classez-les :

Regard franc, voilé, aimant, de travers, dur, bien ouvert, de soutien, d'encouragement, espiègle, pétillant, malicieux, marqué, joyeux, douloureux, indifférent, rêveur, humide, d'adolescent, perçant, de vieillard...

• Essayez de compléter cette liste de manière à prendre conscience de la multitude des regards, presque autant que d'émotions.
• Jouez une série de 10 regards différents, à partir de scènes de la vie courante. Si cela est nécessaire, appuyez-vous sur un texte.
• Regardez un film, une émission de télévision et éteignez le son. Concentrez votre attention sur le regard des personnages et notez les différents types de regard.
• Classez les différents regards en grandes familles.
• Jouez avec les directions du regard et classez-les :
— regard en face, à l'horizontale
— regard de côté (à droite, à gauche)
— regard en coin
— regard en dessous
— regard vers le bas
— regard vers le haut
• Jouez avec les sourcils :
— sourcils froncés
— sourcils en accent circonflexe
— sourcils écartés
• Jouez avec l'ouverture des yeux et des paupières :
— ouvrez les paupières
— fermez les paupières
— fixez du regard
— marquez l'étonnement
— clignez des yeux.

Les mains

La main est un « outil » du corps et un moyen d'expression. Les Méditerranéens « parlent » beaucoup avec leurs mains. Cela veut bien dire que, dans le langage non verbal, elles permettent de montrer, de désigner, de diriger, d'exprimer, de remplacer

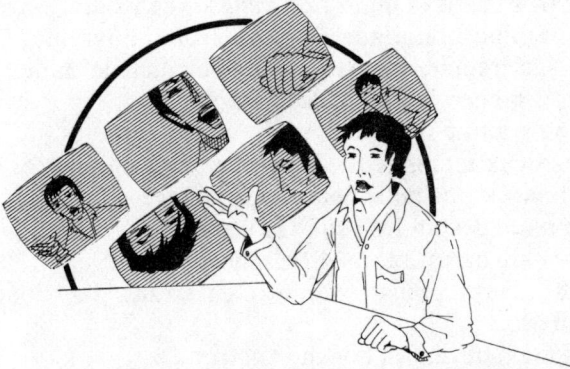

Paroles de mains !

un ensemble de mots, d'expressions. Quand on parle en public, les mains tiennent à elles seules un discours. Croiser et décroiser les doigts reflète bien l'anxiété et même pour certains l'angoisse. Pour avoir fait un jour ou l'autre partie d'un public, vous savez à quel point on fait attention aux mains d'un orateur. Quelques recommandations :
• Ne pas jouer avec ses mains d'une manière outrancière : taper sur la table d'une façon agitée et bruyante par exemple.
• Ne pas se gratter la tête ni la barbe.
• Ne pas se frotter les mains en permanence. L'idéal est de n'utiliser vos mains que pour renforcer votre discours : donner l'impression d'offrir, tendre la main, souligner le rythme de la parole, une interrogation, un temps de réflexion, un retour en arrière...

EXERCICE n° 6

Le langage des mains

Jouez les situations et complétez par d'autres exemples ou émotions :
- le front dans la main : *Le Penseur* de Rodin...
- la paume à l'horizontale sur le front : migraine...
- doigts réunis, mains à 60°, soutenant le milieu du front : recherche, effet de mémoire...
- poing fermé soutenant la tête : dilemme...
- les deux mains repliées ou étendues, appliquées sur les tempes : accablement, impuissance...
- la main devant les yeux : isolement...
- la main caresse le menton : incertitude...
- les deux poings fermés enserrant les joues : bouderie...
- la main devant la bouche : verrou...
- le pouce soutient le menton, doigts repliés : concentration...
- main tendue, bras allongé, main à 90° : stop !...
- main tendue vers la droite : dirigez votre regard à droite, etc.

Vous avez décodé de nombreux gestes, essayez maintenant de repérer ceux qui sont propres aux divers orateurs que vous pouvez voir, soit à la télévision soit dans votre vie professionnelle. Sélectionnez ceux qui vous conviennent et que sans doute vous utilisez sans le savoir : le problème est que l'on ne se voit pas. Entraînez-vous devant une glace.

L'habillement

Le vêtement, véritable langage, exprime un ensemble de comportements sociaux et culturels. L'attitude vestimentaire n'est pas neutre, elle est chargée de signes.

Il suffit d'observer les groupes sociaux pour s'apercevoir que les comportements collectifs face au vêtement permettent de s'identifier à un groupe : les lycéens, les employés de banque, les élèves d'une institution religieuse, les directeurs de cabinet ministériel, les éducateurs, les animateurs. L'uniforme existe même encore pour certaines institutions ou professions : les forces de police, l'armée, le clergé... Mais ce sont surtout pour les professions en contact avec le public que se pose le problème de l'habillement : représentants de commerce, relations publiques, employés de banque au guichet...

Une panoplie de « vocabulaires ».

Dans la manière de s'habiller, on note plusieurs attitudes : la reproduction d'un modèle, le conflit par la transgression d'une règle préétablie pour un groupe déterminé, l'affirmation d'une différence sociale ou de la différence catégorielle dans la même entreprise (blouse blanche pour les adjoints techniques, blouse bleue pour la maîtrise, bleu de travail pour les exécutants...).

Ainsi, avant tout geste, avant toute parole, par le vêtement on exprime son appartenance à une génération, une origine géographique, une position sociale, un statut économique, une éducation, voire une personnalité (aisance, timidité, calme...), des états d'âme réels ou fictifs.

Autrement dit, on peut jouer avec son habillement comme on peut moduler sa manière de parler. Dans le domaine professionnel, l'habit doit être « supportable » pour l'image de marque ou le style de l'entreprise. Certaines entreprises plus libérales ne s'encombrent pas des apparences vestimentaires : elles prennent en compte la qualité de leur accueil et de leur production. L'arrivée des jeunes dans le monde du travail contribue à cette évolution.

FICHE n° 4

Le vêtement : conseils pratiques

En règle générale
• Choisir des vêtements qui sont « à son avantage », dans lesquels on est à l'aise (tissu, coupe).
• Éviter les tissus ternes, tristes, passe-partout. Préférer les teintes un peu « dynamiques », sans tomber dans l'excentricité.
• Être attentif à « bien porter » ses vêtements.

Dans certains milieux professionnels (banque, administration, relations commerciales) :
Mieux vaut s'habiller dans la même « note » que les personnes que l'on est appelé à rencontrer. C'est une manière d' « entrer en contact », d'être plus proche, d'accepter les autres.

Pour les repas d'affaires :
A midi, bien sûr, les vêtements avec lesquels vous travaillez.
Le soir, donner la préférence à une tenue passe-partout pour
être, selon l'endroit, ni trop élégant ni trop « décontracté ».

En voyage :
Dans la mesure où l'on peut être appelé à se trouver dans
des situations très diverses (réunions de travail, réceptions...)
prévoir des tenues « modulables ». Emporter aussi les vêtements liés au sport que l'on pratique (bonne occasion de
« rencontre » en dehors du contexte professionnel) ou, au
moins, une tenue permettant une promenade en bord de mer,
à la campagne. En voiture, quitter sa veste, pour ne pas la
froisser, doit devenir un réflexe.

*Pour les meetings, visites de chantier, inaugurations en plein
air :*
De préférence une tenue plus sportive (forme, tissu, cou-
leurs, chaussures adaptées...).

En résumé : le dialogue avec qui que ce soit devient plus
facile lorsque l'on est « bien dans sa deuxième peau, le vêtement ». Il doit refléter la personnalité tout en prouvant la
volonté de communiquer, de se mettre un tant soit peu « au
diapason ».

Les gestes et les attitudes gestuelles

Il existe une « grammaire » du geste. Ainsi, au sein du langage
non verbal, on classe les gestes en grands groupes :
• Les gestes qui renforcent et complètent le discours avec
l'intention de communiquer.
• Ceux qui illustrent le discours et qui, plus ou moins
conscients, représentent l'expression de la personnalité de l'individu.
• Ceux qui expriment essentiellement à travers le visage des
sentiments et des émotions.

- Ceux qui règlent la mise en scène du contact (parler, écouter, se lever...).
- Ceux qui fonctionnent comme des « signes » et laissent transparaître l'état véritable du sujet.

Un certain nombre de situations et de gestes permettent aussi de comprendre des intentions, des expressions, des motifs. Par exemple : offrir une cigarette, donner du feu ; les différentes manières de serrer la main ; la façon de frapper à une porte, d'entrer dans une pièce... D'autres gestes traduisent même le langage populaire de la rue (« il est fou », « O.K. », « boire un coup », « stop »...). Ces attitudes, ces gestes expriment la vigueur, la timidité, la peur, l'envie d'entrer en relation. L'exercice n° 7 doit vous permettre d'analyser votre « gestuelle ».

EXERCICE n° 7

Le langage des gestes

Repérez vos propres gestes pour discerner certaines de vos attitudes inconscientes et apprendre à les maîtriser.

1. *Quand vous fumez*
- Fumez-vous d'une manière ostentatoire ?
- Offrez-vous des cigarettes ?
- Est-ce pour vous une détente ?
- Est-ce un moyen relationnel ?
- Cela vous permet-il d'être moins nerveux quand vous prenez la parole en public ?
- Parlez-vous la cigarette « au bec » ?

Les réponses devront vous permettre de reconnaître l'importance qu'a la cigarette pour vous. Si elle est un élément favorisant votre expression orale ou au contraire une gêne. Dans cet exercice, bien sûr, il vous suffit d'interpréter vous-même vos réponses...

2. *Quand vous frappez à une porte pour entrer*
● Frappez-vous un ou plusieurs coups secs ?
● Frappez-vous timidement en attendant d'être invité
à entrer ?
● Frappez-vous doucement et, si rien ne se passe,
frappez-vous plus fort ou alors faites-vous demi-tour ?

Si vous frappez fort, vous êtes sûr de vous et du but de
votre visite.
Si vous frappez timidement, tentez de combattre cette
timidité, surtout si pour vous cela est une épreuve que
d'être obligé d'attendre devant une porte fermée.

3. *Quand vous entrez dans une pièce après y être
invité, de quelle manière pénétrez-vous dans cette
pièce ?*
● Vous ouvrez doucement la porte et vous vous
insinuez dans l'ouverture, courbé, la tête la première.
● Vous entrez délibérément en ouvrant grand la porte
d'un air conquérant et en la refermant brusquement.
● Vous entrez normalement en refermant doucement
la porte.
● Vous entrez en hésitant sur le seuil.

Selon vos réponses, vous pouvez repérer si vous êtes :
timide, angoissé, sans problèmes, conquérant. Comme
pour les autres exercices, habituez-vous à observer
chez les autres leur manière de se comporter et tirez-en
des conclusions sur vous-même.

Dans certaines situations professionnelles, les gestes deviennent
parfois la seule forme de langage possible. S'entraîner à les
mimer permet d'améliorer sa propre expression gestuelle.

EXERCICE n° 8

Les jeux des métiers

Jouez tous ces personnages et ces situations en inventant les gestes correspondants
● Agent de police faisant la circulation routière. Combien de gestes en connaissez-vous ?
● Sourd-muet (regardez les émissions TV adaptées pour eux).
● Pisteur sur aéroport.
● Grutier (relation entre celui qui manipule la grue et celui qui fait transporter la charge).
● Agents de change à la Bourse.
● Signes en plongée sous-marine.
● Ventes aux enchères.
● Commandements gestuels, militaires.

Jeu des métiers — jeu de mime
Avec votre entourage familial, vos amis, jouez au jeu des métiers. Par des expressions, des mimiques, un jeu corporel, faites découvrir le métier que vous représentez. (Il vous rappellera les colonies de vacances.) Renouvelez ce jeu jusqu'à ce que vous le maîtrisiez.

Cet exercice souligne bien la chance que vous avez de pouvoir vous exprimer, en plus, par la parole !

Espace et distances

Quand vous prenez la parole pour parler à un individu, à un groupe, à un public, vous êtes dans un certain type de lieu et vous devez tenir compte de la distance entre vous et vos partenaires. En effet, votre manière de parler en public sera conditionnée par l'espace et la distance que vous pouvez utiliser. Ces deux critères déterminent le volume de la voix, le ton, les gestes...

FICHE n° 5

Les gestes : conseils pratiques

Les gestes remplacent, ponctuent ou soulignent un discours. Mais...
- attention à l'outrance, à la vulgarité, à la discourtoisie ;
- évitez les gestes « pointeurs » (« on ne montre pas du doigt ») ;
- surveillez vos tics pour les amoindrir, mais ne censurez pas forcément les gestes liés aux origines : si vous êtes méditerranéen, laissez parler vos mains. A éviter tout de même : martyriser sa cravate, lisser sa barbe, jouer avec ses lunettes, déboutonner et reboutonner sans cesse sa veste, tapoter son stylo ou tout autre objet, tenir sa tête dans ses mains, tirer sur son pull-over, ses manches (ou sa jupe), croiser et décroiser sans cesse les jambes, vérifier l'état de sa coiffure (ou jouer avec ses bijoux) ;
- étudiez votre poignée de main : ni trop vigoureuse ni trop molle.

- *L'espace :* il s'agit du contexte physique dans lequel a lieu la prise de parole : plein air, salle de réunion, bureau...

La distance, on en distingue quatre types :
- *La distance intime* (jusqu'à 45 cm). Le fait qu'elle soit involontaire ou volontaire détermine les gestes (dans une réception, à table dans un dîner d'affaires, en voiture, dans un ascenseur...).
- *La distance personnelle* (jusqu'à 1 m). Elle représente la limite (un bras tendu) de contact physique avec un partenaire (« attraper quelqu'un par le bras ») et permet la conversation, souvent debout, ou autour d'une table de réunion, derrière un bureau.
- *La distance sociale* (jusqu'à 2 m). Elle caractérise les relations qui ne vous mettent pas en jeu personnellement : dans un magasin, la rue, un hall de réception, un lieu public. Au-delà, elle implique que celui qui conserve ainsi ses dis-

tances entend maintenir une relation formelle, le contact s'établissant presque uniquement par le regard, ou à très haute voix (deux voisins qui se hèlent d'un côté à l'autre de la rue).

● *La distance publique.* Elle se situe à la limite de nos « frontières territoriales », au-delà desquelles nous ne nous sentons plus impliqués. Pour que passe un message verbal, elle exige des gestes marqués, théâtraux, presque outrés puisqu'ils doivent être perçus de loin, et une voix puissante. (Un professeur devant ses élèves dans une salle de classe ou dans un amphithéâtre, un politicien ou un syndicaliste qui harangue son public dans une salle de 2 000 places, juché sur une tribune à 10 m des premiers rangs...).

Dans toute relation verbale, la présence physique joue un rôle important. Elle se situe dans un espace dont il faut prendre conscience et auquel il faut adapter sa manière de parler en public.

Se faire entendre du dernier rang.

EXERCICE n° 9

Le rôle de la distance

L'intérêt de cet exercice est de vous faire comprendre que le volume de la voix doit être déterminé par la distance et par la place de vos partenaires. Rappelez-vous ceux de vos professeurs qui ne parlaient que pour le premier rang ! Pour faire cet exercice, il faut être deux.

Placez-vous à 2 mètres face à une personne, avancez lentement vers elle en lui parlant, quels changements s'opèrent dans votre attitude et à quel moment avez-vous envie de vous arrêter ?

Puis observez ce qui se passe lorsque vous parlez dos à dos à votre interlocuteur, côte à côte, face à face.

FICHE n° 6

Espace et distances : conseils pratiques

En règle générale, privilégiez le confort et les conditions d'écoute (attention aux nuisances sonores...).

Pour les entretiens entre deux personnes : mieux vaut une pièce de petite dimension qui permet d'établir un contact plus facile, plus direct, plus intime.

Pour les réunions de plus de dix personnes : bien préparer les conditions d'accueil (matériel adéquat, forme de la table, place de chacun...), prévoir éventuellement du matériel de sonorisation.

Pour l'accueil de personnes extérieures (dans une entreprise par exemple) : avec des visiteurs, la communication peut s'établir dès qu'ils franchissent la porte : hall d'entrée ou salle d'attente aménagée (pourquoi pas des brochures, des photos ou même des films vidéo illustrant la vie de l'entreprise ?). Une hôtesse peut accompagner les visiteurs, ou, mieux, aller soi-même à leur rencontre.

Le contrôle de soi

Dans toutes les circonstances où l'on doit prendre la parole en public il est essentiel de maîtriser l'ensemble de ses réactions.

Le trac et la décontraction

Le trac provient d'une série de modifications physiologiques : la glande médullo-surrénale sécrète de l'adrénaline qui élève la tension artérielle et accélère les battements du cœur, provoquant des réactions musculaires ou viscérales.

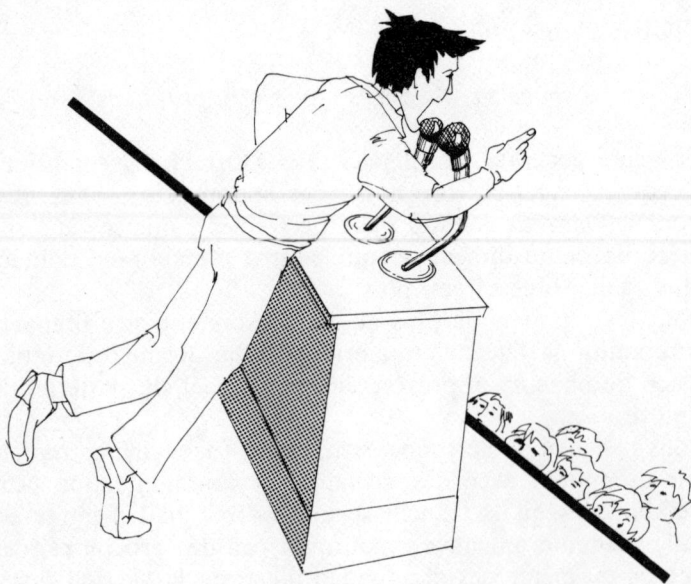

La forme physique : un atout contre le trac.

Celui qui doit parler en public se sent en situation de danger. Son organisme met donc en place des systèmes d'autodéfense, soit pour en supprimer les causes, soit pour affronter ces dangers. Et la personne peut aussi se livrer parfois à des activités de dérivation : manger, lisser ses cheveux, dévisser son stylo, se gratter, allumer une cigarette...

Pour arriver à la maîtrise de soi, il faut être bien convaincu que prendre la parole représente un véritable exercice physique auquel il faut se préparer. Ainsi si vous êtes en mauvaise forme physique (fatigue, mauvaise santé passagère, anxiété, angoisse, fébrilité...) vos interventions s'en ressentiront.

Au trac s'ajoute le manque de décontraction qui provoque une hypertension : juste avant d'intervenir, on a subitement l'impression de ne plus savoir que dire, on doute de soi...

La décontraction, c'est aussi la forme physique. « Quand tout s'embrouille dans la tête, disait un conférencier, il faut penser à ses pieds. » Toute l'hypertension concentrée dans la tête se redéploie dans tout le corps. Toute l'énergie accumulée dans la tête se détend dans le corps et d'un seul coup tout redevient clair...

FICHE n° 7

Comment prévenir le trac avant de parler en public

1. Respirer tranquillement. L'idéal est de pouvoir marcher tout en répétant calmement les choses à dire.
2. Se concentrer mentalement sur les objectifs de l'intervention ; autrement dit, accepter l'idée de reprendre confiance en soi.
3. Se convaincre que l'intervention en public est une réponse à une demande, à une attente. Se pénétrer du sentiment que l'on sera accepté. En quelque sorte, réduire la « peur ».

Si le trac est quand même là, il entraîne des comportements passagers difficiles à dominer : l'angoisse est présente, le cœur

bat, les mots sont introuvables, les bras et les jambes sont
lourds ; des contractions raidissent les muscles qui se tétani-
sent, la nuque est raide et douloureuse, la gorge sèche, l'esto-
mac devient la cible favorite de cette période d'angoisse, le
visage se fige dans des tics impossibles à maîtriser.
Que faire quand on en est là ? Ne pas « paniquer » et tenter de
se décontracter.

FICHE n° 8

Conseils pour la décontraction

● Prendre conscience de son malaise : repérer où le corps
se contracte, fixer son attention sur les points touchés.
● Prendre conscience de son rythme respiratoire : accentuer
les temps d'expiration, peu à peu ralentir son rythme respiratoire.
● Laisser le corps se détendre progressivement en veillant
à ce que la posture choisie n'entraîne pas de contractions
musculaires importantes. Il faut libérer la cage thoracique,
l'abdomen et la nuque.
● Si on en a la possibilité, boire lentement un peu d'eau.
● Prendre appui des mains sur une table, sur un dossier de
chaise ; cela peut faciliter la détente.

La respiration

En parlant on doit combiner deux actions : celle de respirer,
qui est vitale et constante, et celle d'expirer l'air avec lequel
on produit les sons.
La difficulté réside dans la recherche d'un équilibre entre les
deux. Pendant la pratique d'un sport, la respiration (inspira-
tion, expiration) est surtout *thoracique*. Alors que pour parler
il faut respirer de façon plus *abdominale*.
Comme on vient de le voir, pour lutter contre le trac et pour se
décontracter de manière à parler en public dans de bonnes con-

ditions il faut, dans les moments de frayeur, prendre conscience du fait qu'on respire et respirer volontairement : cela
permet de reprendre conscience de soi. Pensez à ce qui se produit après une « bonne tasse » au fond de la mer : par panique
on suffoque et on ne retrouve son calme qu'en reprenant un
rythme respiratoire normal. Quand on parle en public, en cas
de trac ou de contraction, la respiration abdominale par un
déplacement de la masse des viscères permet un massage du
plexus solaire. Or c'est en ce point bien précis que tout se
« noue » brutalement.

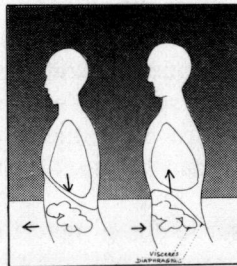

Respirer avec son ventre.

Le yoga, l'accouchement sans douleur utilisent cette méthode
de respiration qui apporte une grande relaxation.
Les amateurs de yoga vous le diront : l'idéal est de parvenir à
un synchronisme entre le rythme physique et le rythme mental,
entre le souffle et la pensée. Un orateur commence un discours
puis brusquement a une rupture du débit de la parole ou au
contraire une accélération : il se met à « bafouiller ». Dans ces
deux situations il y a eu télescopage entre la vitesse de la
pensée, trop rapide, et un support respiratoire insuffisant. De
l'air, de l'air...

EXERCICE n° 10

La respiration abdominale

Il s'agit là d'un véritable exercice mécanique pour que vous compreniez le fonctionnement de vos deux types de respiration : la respiration thoracique et la respiration abdominale. Cela peut vous sembler accessoire, mais avant de parler en public il vous faut un « matériel mécanique adapté ». Un coureur cycliste utilise un vélo adapté à la compétition qu'il va disputer. Cet exercice pourra vous donner une impression d'inutilité mais acceptez de le jouer en vous concentrant : vous entraîner à mieux respirer, c'est vous donner une chance supplémentaire pour mieux parler, car n'oubliez pas que les paroles sont véhiculées par... le souffle !

• Allongez-vous sur le dos et mettez un livre sur votre ventre. Parlez doucement puis plus fort en tentant de faire monter et descendre le livre. Cela permet de s'entraîner à une respiration abdominale.

• Prononcez une phrase assez longue en prenant conscience que vous parlez en expirant et que vous devez vous interrompre pour « reprendre votre souffle », c'est-à-dire inspirer.

Ensuite, inspirez en prévoyant la durée de votre phrase et reprononcez-la. Comparez les deux situations.

La voix

L'apprentissage de la parole en public passe par une découverte et une maîtrise de sa propre voix.

Les voix ne se ressemblent pas : elles véhiculent la personnalité. Elles se différencient par l'a modulation, le volume, la puissance, le débit, le rythme, la musique. Ce qui en fait un outil relationnel précieux et combien chargé d'affectivité ! Cet outil peut être fascinant ou repoussant, selon les cas. La voix est évolutive : chez l'enfant elle est hésitante, claire, montante ; celle de l'adolescent est en pleine mutation ; celle de l'adulte utilise tous les registres à sa disposition ; enfin, celle du vieillard déjà s'efface.

Pour parler en public il faut bien connaître la mélodie de sa propre voix. Le plus efficace est d'effectuer un ensemble d'exercices pour l'apprivoiser, ne plus être surpris par elle. Il faut se familiariser avec elle.

EXERCICE n° 11

Le volume de la voix

Pour prendre conscience du volume de votre voix, vérifiez en famille ou avec des amis jusqu'à quelle distance on vous entend bien avec votre voix normale. Vous pouvez aussi vous entraîner en utilisant un magnétophone : parlez de plus en plus fort, écoutez-vous, vérifiez si vous n'avez pas changé le « registre » de votre voix (grave, médium, aigu par exemple). Au cours d'un tel exercice, sous prétexte de parler plus fort on risque en effet de prendre une voix dite « haut perchée », désagréable à l'oreille, telle une voix forcée, à la limite de la rupture. Il faut vous entraîner jusqu'à ce que vous réussissiez à garder la même voix quel que soit le volume.

EXERCICE n° 12

La couleur de la voix

Cet exercice a pour objet de vous entraîner à identifier, reconnaître, et écouter avec plus d'attention les voix qui vous entourent pour mieux situer la vôtre et apprendre à « jouer » avec elle. Car la couleur de votre voix, c'est une sorte de carte de visite pour votre auditoire (n'est-ce pas agréable d'être immédiatement reconnu au téléphone, par exemple !). Cet exercice peut vous sembler long à effectuer. Faites-le au fil des jours et des occasions, cela vous permettra, en plus, de développer votre « oreille ».

● Ouvrez la radio, exercez-vous à reconnaître les voix.
● Pensez aux voix historiques : Léon Blum, Hitler, de Gaulle.
● Reconnaissez, sur enregistrement, les voix de votre famille, de vos amis, en en repérant les caractéristiques.
● Essayez d'imiter quelques voix célèbres pour en saisir les caractéristiques essentielles.
● Faites un « reportage sportif » avec une voix d'hôtesse, hurlez une déclaration d'amour...
● Recherchez, parmi les acteurs, les animateurs de radio, les personnages publics ou ceux de votre entourage, ceux qui illustrent :
— le commandement (militaire, chef, dirigeant) ;
— la suggestion (négociateur, bons offices) ;
— l'amour et le rêve (voix douce, suave, de la nuit) ;
— le voyage et l'évasion (tonalité des hôtesses de l'air, d'agence de voyage) ;
— les contes et les histoires merveilleuses (voix chaude) ;
— les récits historiques (dynamisme) ;
— les interviews et entretiens (attitude d'écoute) ;
— les histoires fantastiques (voix froide, aiguë et basse) ;
— les reportages sportifs (voix entraînante) ;
— l'information (voix des journalistes) ;
— la confession (voix amicale, interrogative) ;
— les « confidences » psychologiques (voix rassurante).

Le ton

Il est primordial d'adapter le ton de sa voix à la mesure des choses qu'on a à dire. Autant une mère de famille n'utilise pas le même ton (on dit même plus gobalement la même « voix ») pour inviter ses enfants à passer à table ou à aller se coucher, autant un orateur doit moduler sa voix en fonction de son public, de son sujet, de ses objectifs.
Voici donc quelques questions à se poser avant de prendre la parole en public :

FICHE n° 9

Se représenter la cible de communication

● A qui vais-je m'adresser ? (individu, groupe ou assemblée).
● Quelle est la nature de ma relation avec le public ? (amicale, agressive, indifférente, refus, blocage).
● Dans quels lieux vais-je intervenir ? (maison, bureau, plein air, couloir).
● Quel est mon état de disponibilité ? (fatigue, saturation, pleine forme, envie de plaire, indifférence).
● Quels sont mes objectifs ? (commander, négocier, suggérer, prêcher, attirer, exposer).
● Quelles sont les caractéristiques de ma voix ? (forte, mélodieuse, sèche, agréable, désagréable, volontaire, molle, bafouillante, douce, caressante, aiguë).

L'exercice qui suit permet de vous entraîner à moduler le ton de votre voix en fonction de vos interlocuteurs, du contenu et des conditions de votre intervention. Les acteurs et les chanteurs utilisent ce procédé en guise de répétition. Mais dites-vous bien que le ton juste n'est pas facile à trouver en toute circonstance et que, dans ce cas précis, l'expérience vous apportera beaucoup. Amusez-vous quand même à trouver d'autres exemples : une voix courroucée, douce, énervée...

EXERCICE n° 13

Le ton

Prenez un magnétophone et enregistrez un texte de plusieurs manières différentes :
- en exprimant votre désaccord ;
- en exprimant votre adhésion ;
- en imaginant qu'il s'agit d'une déclaration d'amour ;
- en exprimant la colère, l'emportement ;
- en lisant en chuchotant...

Après les enregistrements successifs de ce texte, écoutez-les plusieurs fois en notant les différences que vous repérez. Vous pouvez prolonger cet exercice ou le répéter.

La diction et l'articulation

Les exercices de diction permettent bien souvent l'amélioration de la respiration et de *l'articulation* des sons. Les comédiens, au cours de leur apprentissage, exagèrent leur diction de manière à élargir leur capacité. Mais attention ! Quand on articule trop, on peut avoir l'air de *déclamer* (façon outrancière de dire un texte, forme théâtrale souvent proche du théâtre classique), de *réciter* (rappelez-vous l'école... et la façon que vous aviez de « dire » des poèmes), ou même de *dicter* (technique qui s'appuie sur les constructions sonores des mots).

La diction est l'art de décomposer la parole en articulant les syllabes. Elle implique un certain degré d'ouverture de la bouche, donc de la mâchoire. « Parler entre les dents », c'est refuser d'ouvrir la bouche, donc d'émettre un son articulé. « Parler en ouvrant la bouche », c'est articuler les mots, donc moduler le son en organisant mécaniquement le volume ou le débit (c'est augmenter le « volume » de sa chaîne stéréophonique...).

Le rythme et le débit de la parole sont donc facteurs du volume du son et de la rapidité de l'articulation.
● *L'articulation* concerne l'émission des consonnes.
● *La prononciation* concerne les voyelles, leur ouverture, leur fermeture.

Dans les cours d'art dramatique les professeurs répètent sans relâche : « Articulez, articulez, articulez. » Dans la vie courante ou même professionnelle, il faut être simplement compris ou entendu clairement. Il ne s'agit pas là d'utiliser les techniques de la dramaturgie ! Le mot « articulation » doit être compris comme une incitation à articuler soigneusement toutes les syllabes en exagérant l'émission des consonnes.
Le résultat obtenu sera de « hacher » le fil du discours. Cela est donc valable comme exercice d'entraînement pour vous permettre de prendre conscience des différences entre les sons avalés et les sons audibles.

EXERCICE n° 14

L'entraînement à l'articulation

● Enregistrez un texte et écoutez-le. Recommencez jusqu'à ce que vous entendiez toutes les consonnes.
● Lisez un texte à haute voix, normalement, comme dans la vie quotidienne ;
● puis en articulant les syllabes ;
● avec un crayon entre les dents ;
● en mâchant un chewing-gum ou avec une cigarette au coin de la bouche ;
● enfin relisez le même texte normalement, sans aucune « outrance ».
A l'écoute vous vous rendrez compte des différences...
et la dernière lecture vous semblera tellement plus réussie !

« A » comme « articulez » : un entraînement indispensable.

Tous ces exercices doivent vous rappeler Démosthène s'entraî-
nant à ne plus bégayer avec des petits galets dans la bouche,
même s'il s'agit d'une légende...
Dans la diction, il y a aussi le rythme, le débit (combien de
mots à la minute?). On peut ralentir, s'arrêter, accentuer,
appuyer plus fort sur un mot, répéter et terminer son intervention par ce qu'on nomme une « finale ». Une intervention ne
doit pas sombrer dans l'inaudible. Mieux vaut terminer un discours avec une énergie tonique : c'est le dernier lien entre vous
et le public, un peu comme un présentateur de radio donnant
rendez-vous à ses auditeurs : « A demain... Si vous le voulez
bien... ! »

L'écoute

Parler de « l'écoute » dans un livre intitulé *Parler en public* peut
vous paraître paradoxal. Il n'en est rien pour deux raisons.
D'une part, un orateur peut se trouver en situation de débat, ses
réponses seront d'autant plus percutantes qu'il aura su « écouter » l'autre ou les autres. D'autre part, au cours de toute prise
de parole, il peut se produire des « silences »; même s'ils sont
d'une durée infime, il faut s'exercer à en profiter pour passer de
l'état d'émetteur à celui de récepteur pour « écouter » son
public, évaluer son degré d'attention, de compréhension. Ces
silences paraissent d'ailleurs toujours plus longs pour l'orateur

que pour le public, alors qu'ils peuvent permettre à un climat affectif, une sorte de complicité muette, de s'installer. Savoir sourire avec naturel pendant ces instants-là est un atout considérable.

Écouter pour réfléchir.

Mais revenons-en à la situation d'écoute proprement dite, à ce temps de répit et de réflexion où il faut à la fois enregistrer des questions et des réactions de la part du public, et réfléchir à ses réponses. Elle nécessite une très grande concentration et beaucoup d'attention. Votre propre réflexion ne doit pas occulter les propos de vos interlocuteurs. Cette gymnastique de l'esprit n'est pas évidente : elle se développe au fil de l'expérience. Voici cependant une proposition d'exercice qui peut tout au moins vous permettre d'affiner votre oreille en toute circonstance.

EXERCICE n° 15

L'écoute

• Fermez les yeux et vérifiez si vous pouvez identifier dix bruits autour de vous.

- Même exercice, mais avec un disque : dénombrez et identifiez les différents instruments.
- Quand vous êtes en situation d'écoute, attachez-vous à repérer les principales informations d'un discours. (Et prenez des notes, c'est tout de même plus sûr !)

Avoir conscience des autres : le récepteur

Comment contrôler les réactions du public ? Que vous preniez la parole face à un petit groupe de personnes ou devant un public important, il est évident que vous ne parlez ni dans le vide ni devant un auditoire de robots. Chaque public (et même chacune des personnes qui le composent !) a son propre cadre de références, un certain stock de connaissances, une disponibilité fluctuante... Il appartient donc à l'orateur de repérer le mieux possible à qui précisément il s'adresse, comment ses propos sont reçus, et de moduler son intervention en fonction de ce que lui apporte ce que nous avons défini p. 46 comme le « feed-back ». Relisez également ce qui concerne la notion de « public », p. 47.
Vous serez attentif aux trois points suivants :
- l'état de préparation du public,
- la perception qu'il a de vous,
- ses réactions face à votre message.

L'état de préparation du public

Dans le cas où vous prenez la parole devant un public connu, ce premier point ne pose a priori aucun problème particulier (exposé d'un élève devant sa classe, élu au sein de son conseil municipal, cadre face à son service...). Vous avez une expérience de vie commune qui facilite la communication.

Les problèmes commencent quand vous vous adressez à des inconnus. Pour les petits groupes, renseignez-vous sur les fonctions des uns et des autres : vous en déduirez approximativement le niveau de connaissances de chacun et les raisons pour lesquelles ils assistent à votre prestation. Puis avant même que vous preniez la parole, essayez de vous pénétrer de l'atmosphère qui règne : calme, excitation, disponibilité, degré de fatigue.

Face à un public important, essayez de décoder tout ce qui s'exprime par le langage non verbal : vêtements, gestes, mimiques des visages... Autrement dit, appliquez en sens inverse tous les conseils déjà donnés sur l'image qu'un orateur donne de lui ! Puis, pendant que vous vous relaxez, laissez-vous imprégner par l'atmosphère de la rencontre : niveau sonore, agitation plus ou moins grande...

Apprendre à lire sur les visages.

La perception que le public a de l'orateur

Si ce n'est pas la première fois que vous vous adressez à un même auditoire, rappelez-vous dans quel état d'esprit vous vous êtes séparés et soyez conscient soit de la confiance que l'on vous accorde, soit d'un handicap à remonter, soit encore de l'étiquette que l'on vous a attribuée.

Si votre public vous découvre au moment où vous allez prendre la parole, essayez de lire dans ses attitudes si elles reflètent l'hostilité, l'indifférence ou la confiance : comment avez-vous été accueilli ? Le silence a-t-il été long à venir ? L'assistance est-elle plus nombreuse que prévu ?

Les réactions du public face à un message

Vous avez ajusté votre ton, votre attitude en fonction des réponses aux questions précédentes. Il vous faut, maintenant, tout en parlant, sentir votre public, tel un enseignant attentif aux réactions de ses élèves. Des regards circulaires sur l'assistance doivent vous permettre de diagnostiquer son attitude : acquiescement, incompréhension, désaccord, étonnement... Pour vous y entraîner, reportez-vous aux exercices sur les mimiques proposés page 60.

Si vous lisez l'acquiescement, laissez-vous porter par l'enthousiasme ambiant. Si, au contraire, apparaissent des signes d'étonnement, reprenez d'une manière différente ce que vous venez de dire sous prétexte de vous résumer. Si un très net désaccord se fait sentir, annoncez rapidement que, bien sûr, vous êtes prêt à débattre vos propos à la fin de votre intervention. Enfin, si apparemment vous ne réussissez pas à vous faire comprendre, terminez plus rapidement que prévu pour permettre au public de poser des questions. Cela vous donnera l'occasion de mieux vous expliquer et d'ajuster votre langage, votre vocabulaire à ceux de votre auditoire.

Si vous avez bien maîtrisé l'ensemble de ces phénomènes de feed-back, aucun « malentendu » ne devrait subsister entre le public et vous, et personne ne restera « sur sa faim » !

EXERCICE n° 16

Comprendre l'influence du public

Il est utile d'essayer de comprendre ce qui se passe dans la tête de celui qui écoute pour avoir présent à l'esprit ce qui se passe du côté du public quand on parle.

Donc, d'une manière générale, essayez de comprendre et d'analyser pourquoi tel ou tel orateur vous ennuie, vous séduit, vous paraît convaincant et à quelles attitudes de leur part cela correspond.

Plus précisément, jouez à deux de la manière suivante : pendant que vous parlez, l'autre prend une attitude d'écoute positive (il est avide de vos paroles, il vous considère comme quelqu'un capable de lui apprendre beaucoup...) puis négative (vous l'ennuyez, vous n'avez rien d'intéressant à dire...).

Inversez les rôles et, pour chaque exercice, essayez de mettre en évidence l'influence qu'a eue sur l'orateur l'attitude de l'auditeur.

Quand l'attente est positive, peu de mots suffisent pour exprimer une idée, on est plus brillant, plus décontracté... En cas d'attitude négative, les explications se font plus élaborées, le ton plus démonstratif, avec un peu d'anxiété dans la voix.

Tout cela prouve l'influence indéniable de l'attitude du public sur le comportement d'un orateur. A lui de jouer pour transformer en atouts les informations que cette attitude traduit : se laisser galvaniser par un public tumultueux ou se laisser aller à la confiance qu'il lui accorde.

Stratégie de la prise de parole

Règles générales

Dans la vie sociale et professionnelle, toute prise de parole face au public ou au sein d'un groupe se prépare, à moins d'être obligé d'improviser. Voici quelques conseils à se remettre en mémoire si l'on est appelé à faire une conférence, un simple exposé ou à intervenir au cours d'une réunion de travail. Cela est valable aussi bien pour l'étudiant que pour l'universitaire, pour le cadre d'une entreprise ou le délégué syndical, pour le maire ou le conseiller municipal.
Chacun des points importants a été ou sera traité plus en détail aux pages indiquées.

FICHE n° 10

La stratégie de la prise de parole

Avant
1. Bien cerner le sujet de l'intervention.
2. Vérifier l'état de ses connaissances du sujet à traiter. Les compléter éventuellement par des informations supplémentaires.
3. Rassembler une documentation qui pourra servir de référence.
4. Sélectionner et classer à l'avance les moments où interviendront des documents. Les faire apparaître très distinctement grâce à des signes différents : encre de couleur, repères visuels personnels.
5. Bien prendre conscience du temps dont on dispose pour que chaque point puisse être traité complètement, et de manière équilibrée.
6. Établir un plan (voir p. 93).
7. Préparer des notes, des repères écrits (la mémoire peut

être défaillante !) mais surtout ne pas rédiger l'intervention. Se contenter de mots clés ou de phrases rédigées en style télégraphique. Surtout ne pas écrire recto verso, numéroter les pages, écrire en gros caractères, classer et souligner des idées principales.
Avant de prendre la parole, se décontracter en respirant lentement (voir p. 76).

Pendant
1. Au moment de prendre la parole, se présenter si l'auditoire vous rencontre pour la première fois (nom, qualité...). Mais sans pour autant raconter sa vie !
2. S'efforcer d'être vivant, concret, convaincu, souriant, courtois, anecdotique (voir p. 94).
3. Écrire sur un tableau (noir ou de papier) les mots rares ou difficiles, les chiffres importants.
4. Afficher dans la salle les documents complémentaires.
5. Contrôler le comportement des participants :
— réactions physiques et sonores ;
— degré d'attention (voir p. 86).
6. Utiliser la technique de reformulation quand on perd le fil du discours (voir p. 106).
7. Pendant les interventions du public ou du groupe, prendre des notes de manière à pouvoir répondre au cours du débat avec précision. Ne pas se laisser prendre au piège des situations conflictuelles, penser aux objectifs à atteindre (voir p. 104).
Pour les interventions où l'on est seul face à un public, il faut aussi avoir des talents d'organisateur :
● Arriver un peu en avance sur le lieu de la réunion. Repérer la situation de la salle : son organisation, le mobilier. Essayer la sonorisation s'il y a lieu. Choisir la place qui semble la plus efficace (voir p. 102).
● Au début de l'intervention, expliquer oralement à l'auditoire comment la réunion va se dérouler : plan, forme, durée, organisation des interventions du public.
● Favoriser les échanges en fin d'exposé.
● Ne pas refuser la confrontation d'idées.
● Pour conclure, apporter une ou plusieurs idées nouvelles

pour que le public ne parte pas avec l'impression d'avoir perdu son temps.

Au sein d'un groupe (réunion de travail, assemblée générale, séminaire...), il importe de saisir le meilleur moment d'intervention : quand vous êtes prêt à bien formuler vos idées, quand votre auditoire paraît réceptif (moments calmes ou tendus selon les occasions) : on vous saura toujours gré d'avoir su faire avancer la situation. Evitez donc de vous mettre hors sujet ! Pour la technique d'animation d'un débat, voir page 122 ; et aussi « brainstorming », page 141.

EXERCICE n° 17

Les réunions-débats

Cet exercice doit vous permettre de vous familiariser avec les réunions-débats où l'on échange des idées et des arguments. Dans la vie municipale, les conseillers connaissent bien ces situations qu'ils vivent quotidiennement. Ils sont souvent interpellés par une opposition qui leur demande de s'expliquer sur les motifs de leur décision. Même chose dans une réunion paritaire où se retrouvent face à face dirigeants et syndicalistes.

La stratégie d'une argumentation relève souvent d'une technique très personnelle où il s'agit de persuader l'autre ou les autres qu'on a raison. Il faut tout du moins être convaincu (ça s'entend !), rester calme mais revenir sans cesse à la charge sans hésiter à se répéter, quitte à reprendre ses arguments sous différentes formes pour « attaquer le problème sous un autre angle »... Dans un débat savoir « écouter » est, bien sûr, primordial : pour trouver une faille dans le raisonnement des autres ou au contraire une possibilité d'accord (voir p. 84).

Pour vous entraîner :

• Enregistrez un débat.

• Notez de quelle façon chaque interlocuteur reprend la parole pour entraîner l'autre sur son terrain (la stratégie qu'il utilise).

• A la suite de cela, imaginez les différentes façons d'interrompre le discours de quelqu'un dont vous refusez le message, de soutenir le discours de quelqu'un avec qui vous souhaitez communiquer.

Faire un plan

Pour toute intervention en public prévue à l'avance et d'une durée relativement importante, la mise au point d'un plan est capitale. De lui dépendent la réception et la compréhension des informations et des idées exprimées. De plus il permet, en cas de perte de mémoire subite, d'avoir des repères et de retrouver le fil de ses idées. Les différents éléments du plan doivent être cohérents, s'enchaîner de façon logique pour permettre une progression dans le développement du sujet.

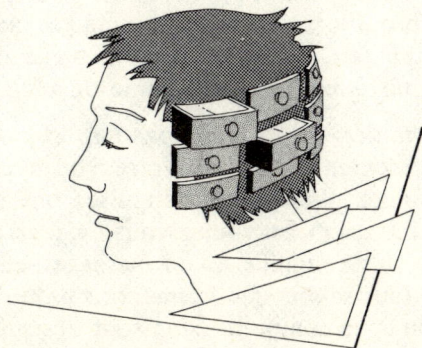

Organiser ses pensées.

La façon la plus claire et la plus suggestive de bâtir un plan est de partir de ce qui est à dire en effectuant ce qu'on appelle une « mise à plat » des éléments du discours. Il n'y a pas de plan type. Seule importe l'organisation cohérente de son intervention. Le meilleur plan est celui qui s'adapte le mieux aux informations à transmettre, à la manière de traiter le sujet et au public.

L'essentiel est donc de bien *définir* au départ le sujet de l'intervention et d'*organiser* son déroulement puis, en prenant en compte les réactions du public, de progresser dans le discours d'une manière vivante et retenant l'attention.

Le style

Bien sûr, chacun a son style et il n'est pas question ici de donner un cours d'éloquence! Mais il est bien évident que pour se faire bien comprendre (sans même parler de séduire) certains procédés fonctionnent mieux que d'autres.

Ainsi, contrairement à la langue écrite, la langue orale aime assez les *répétitions*. Elles sont une garantie contre la distraction et l'inattention du public en lui permettant de reprendre le fil de votre discours même s'il n'a pas tout compris ou même tout entendu.

Les comparaisons aussi enrichissent une intervention orale. Mais attention, elles sont là pour faciliter la compréhension et non pour l'embrouiller : choisissez des images claires, faciles à comprendre, tout en évitant le terrible piège des « clichés » (beau comme un Dieu, maigre comme un clou...).

Apprenez à *manier les formes négatives et positives* : si, à table, vous présentez un plat à votre voisin en lui disant : « Vous n'en voulez plus? », vous induisez une réponse négative. Si vous lui dites : « En voulez-vous? », il sera plutôt incité à se resservir... Cela signifie qu'un message peut être «inducteur». Mais il faut savoir que la mémorisation d'un message, sa transmission et sa compréhension sont très supérieures lorsqu'un orateur a un style « actif », « positif », car il permet de mieux mettre en valeur une personnalité.

Pensez à *adapter votre style* au thème que vous traitez. Certaines informations sont parfois plus difficiles à transmettre et à faire comprendre que d'autres : c'est le cas de l'exposé technologique où les références techniques sont complexes. Cet exercice demande une codification des plus justes et doit bien souvent être renforcé par un support écrit. Mais cela est un cas extrême.

Soyez simple, évitez les jargons.

En général, ayez toujours présent à l'esprit le souci d'être clair, cohérent, mesuré dans vos propos. Évitez de vous emporter, soyez sobre, refusez l'emphase, le mépris, l'agressivité. Mettez à profit vos qualités personnelles : si vous êtes drôle, faites rire, si vous avez une mémoire étonnante, évoquez une situation lointaine avec précision... N'hésitez pas à faire jouer ce qu'on appelle le « charme » mais qui est si difficile à définir. Demandez à votre entourage de vous y aider : est-ce votre regard,

---

EXERCICE n° 18 :

La chasse aux tics

Enregistrez une improvisation au magnétophone.
Écoutez-vous en étant très sévère avec vous-même.
Repérez vos tics de vocabulaire, le jargon professionnel et les mots passe-partout à la mode. Recommencez
jusqu'à ce que vous éliminiez les plus évidents et que
vous dépistiez ceux que vous ne vous entendez même
plus prononcer !

---

votre façon de bouger, votre sourire... Intégrez ces éléments
pour ponctuer votre discours. Il n'en sera que plus « éloquent » !
A l'inverse, attention aux « tics », et surtout aux « euh... ».
Méfiez-vous aussi des mots ou des expressions « à la mode »
qui se glissent dans votre bouche sans que vous vous en aper-
ceviez. Actuellement : « au niveau de », « à cet égard »,
« absolument »... Utiliser ces mots passe-partout, détournés de
leur sens premier, banalise et affadit une intervention orale au
risque de faire passer l'orateur pour quelqu'un d'influençable et
qui n'accorde pas d'attention à ce qu'il dit ! Le public est toujours sensible à l'utilisation de mots justes, précis : cela lui
donne le sentiment qu'on le respecte, et qu'on fait un effort
pour être compris de lui, pour aller vers lui.

En règle générale (mais est-il besoin de le rappeler ?), évitez les
syntaxes ou tournures trop recherchées (imparfait du subjonc-
tif et subordonnées qui s'enchaînent sans fin) aussi bien que les
formes trop familières, voire vulgaires, de la langue parlée courante. Faites de petites pauses, utilisez des exemples, des anecdotes, reformulez de manière différente ce qui vous paraît

important, bref dites-vous qu'on développe moins d'idées oralement que par écrit mais qu'il s'agit de les rendre plus accessibles.

Pour cela, il faut aussi adapter son style et la nature de ses arguments à son public. L'exercice suivant vous fera toucher du doigt les phénomènes qui entrent en jeu. Avant de le commencer, pensez à l'exemple type que représente un enseignant : parle-t-il de la même manière et utilise-t-il les mêmes arguments face à ses élèves et face à ses confrères ?

EXERCICE n° 19

Des mots pour le dire

- Recherchez les arguments en faveur du choix de votre voiture.
- Reprenez mentalement les arguments en les classant par « familles » : ceux ayant trait à la robustesse, au confort, à l'économie, à la puissance, etc.
- Puis classez-les par ordre d'efficacité en fonction d'un interlocuteur précis. Exemple : un jeune sportif, une femme enceinte, un père de famille nombreuse, etc.
- Imaginez que vous ayez à annoncer la réexploitation des mines de charbon :
  — à un groupe d'industriels,
  — à un syndicat de mineurs,
  — à votre fille de six ans,
  — à une population d'une résidence riveraine de la mine,
  avec quels mots le feriez-vous ?

La forme

Une intervention orale en public peut prendre trois formes :
« par cœur », « lecture », « improvisation ».

A moins d'être un surdoué la première solution n'est guère
recommandée ni même pratiquée! Le *« par cœur »,* sauf pour
un excellent comédien, prend des allures de récitation sans vie,
sans âme. De plus il interdit toute modification du texte en
fonction des réactions du public (pas de feed-back possible).
Retenez seulement quelques points clés.

Même réaction de rejet pour la « *lecture* » : elle efface la personnalité de l'orateur qui ne regarde plus son public et se coupe de
la vie du groupe, elle nie tout langage non verbal (regards,
gestes, mimiques) qui crée la « couleur », le « climat » de la rencontre. La lecture d'un discours est insupportable : même les
présentateurs du journal télévisé, qui lisent leur texte sur un
« prompteur » installé à hauteur de la caméra, ont une certaine
fixité dans le regard. Amusez-vous à découvrir la différence de
leurs expressions selon qu'ils lisent ou improvisent.
Bien sûr, vous pouvez avoir sous les yeux votre plan, vos idées
générales et parfois des documents dont vous avez prévu de lire
des extraits.

Si vous préférez, malgré tout, écrire, ou faire écrire votre intervention, parce qu'elle est longue ou difficile, relisez-la plusieurs
fois, à haute voix si cela vous est possible, et parcourez-la une
dernière fois avant de la prononcer en public. Vous pouvez en
conserver le texte à portée de main, mais cela ne vous sera utile
que si vous l'avez annoté de repères personnels!
Tout ce qui précède est valable pour les interventions orales
assez longues et prévisibles : exposé d'un étudiant, compte
rendu d'une opération commerciale par un cadre d'une entreprise, discours d'inauguration prononcé par un maire...

EXERCICE n° 20

La lecture à haute voix

La lecture à haute voix doit rester pour vous un moyen d'entraînement, avec ou sans magnétophone. Lisez lentement, en articulant. Rappelez-vous que la ponctuation est prévue pour l'écriture : remplacez-la par des respirations plus ou moins longues. Ajoutez des gestes (sans faire pour autant un numéro d'acteur !). Et entraînez-vous à sourire en parlant, pour faire passer de la chaleur dans vos propos...

L'improvisation

L'improvisation est ce que nous pratiquons tous les jours dès que nous ouvrons la bouche pour parler. Hélas, lorsqu'il s'agit d'un exercice « imposé », notre spontanéité se rétracte, les mots et les idées se bousculent, le naturel part au galop. Comment s'en sortir ?

En essayant d'oublier le contexte, le « décor », éventuellement le micro. Ce que avez à dire là, devant dix ou cent personnes, n'est-ce pas ce que vous avez raconté le matin même, avec tellement de facilité, à votre conjoint ou à qui partage votre bureau ? A vous de vous autopersuader (avec le temps, ça vient !) que les situations sont identiques... Décontractez-vous bien (voir p. 74), rappelez-vous que prendre la parole libère et que finalement votre prestation vous fera éprouver un certain plaisir.

Hélas, on peut être obligé d'improviser à brûle-pourpoint : question, interpellation, demande d'information... Mieux vaut ne pas trop différer le moment de répondre : plus le temps passe et plus l'on risque de vous accuser de « fuir ». Cette situation se produit assez fréquemment dans les entreprises : y faire face fera dire de vous : « il a le sens des responsabilités » et cela même si le problème soulevé n'est pas résolu.

Quelques conseils à se remémorer si l'on doit prendre la parole en public d'une façon inopinée :
- Utiliser tous les silences comme temps de réflexion.
- Parler seulement de ce que l'on connaît bien. En cas de défaillance, reconnaître que l'on est sous-informé et reporter la réponse à plus tard.
- Faire référence à ses propres expériences : on est toujours plus vivant et plus convaincant que si l'on rapporte une anecdote concernant quelqu'un d'autre.
- Éviter de sortir du sujet, même si le public essaie, par ses questions, de vous entraîner ailleurs. Rester « maître à bord » !

Cela dit, l'improvisation n'a pas toujours ce caractère impromptu et une réunion de travail, un débat, un échange de vues se contentent de cette forme la plus spontanée de la parole. Il importe de bien maîtriser « la gestion de ses idées », autrement dit qu'elles s'expriment une par une et dans le bon ordre !

Soyez ouvert, attentif aux paroles et aux réactions des autres : entraînez-vous à passer rapidement de l'état de récepteur à celui d'émetteur et vice versa (voir p. 86).

EXERCICE n° 21

L'improvisation

Les exercices d'improvisation sont simples. Vous prenez un magnétophone et vous racontez... une promenade, l'article que vous venez de lire, le film que vous venez de voir, etc. Dès que vous vous sentez plus à l'aise, vous vous attaquez à des sujets concernant vos propres activités sociales, professionnelles ou politiques. Écoutez les bandes « à froid », c'est-à-dire quelques jours plus tard, le temps d'oublier ce que vous aviez dit. Cela vous réserve des surprises.

Une suggestion : si votre voiture est équipée d'un lecteur de cassettes, vous pouvez très bien faire une partie de ces exercices quand vous êtes coincé dans les embouteillages !

Les moyens audiovisuels

Quand on parle en public on utilise de plus en plus souvent des moyens audiovisuels : pour améliorer les conditions d'audition (sonorisation...), pour apporter une information ou des exemples supplémentaires (montage de diapositives, films, bandes vidéo, épiscope). On peut même transmettre dans un autre lieu ou à un autre moment une intervention publique (médias, mais aussi systèmes vidéo).

FICHE n° 11

Les matériels audiovisuels

Matériels	*Situations*	*Conseils*
Micro plus sonorisation (haut-parleurs)	Vie sociale Meetings politiques Colloques, congrès, conférences Amphithéâtres Débats publics	Pour les grandes salles ou le plein air. Penser à essayer le matériel. Parler à 20 ou 30 cm du micro (sauf cas particuliers). Ne pas le manipuler pendant l'intervention. Éviter les effets Larsen (micro face à un haut-parleur).

Diapositives Projecteur plus écran Éventuellement magnétophone si le montage est sonorisé.	Enseignement Information dans l'entreprise Animation socio-culturelle...	Pour la simple présensation de quelques dispositives, l'orateur peut se débrouiller seul. Au-delà, prévoir un technicien... Ne pas oublier qu'il faut une salle *obscure*.
Projecteur de cinéma (du super 8 au 35 mm)	Enseignement Information dans l'entreprise Animation socio-culturelle...	Présenter le document en quelques mots. Laisser un moment de répit aux spectateurs avant de reprendre la parole. Les faire éventuellement réagir.
Rétroprojecteur Épiscope (appareils permettant la projection sur écran de documents en grande dimension)	Enseignement Formation Vie de l'entreprise	Permettent de visualiser des informations difficiles à faire passer oralement ou à mémoriser (tableaux, chiffres, graphiques...). Pendant la projection, les commentaires sont les bienvenus.
Magnétophone	Tout le monde !	L'instrument de base pour s'entraîner à parler en public ! A avoir si possible sous la main pour autocontrôler sa prestation.
Magnétoscope plus caméra plus moniteur	De plus en plus d'entreprises Séminaires de formation ou de créativité.	Matériel idéal pour la pédagogie de l'expression orale : permet à celui qui parle de se voir et de s'entendre en direct ou en différé.

Les incidents

Le malentendu ou le dialogue de sourds

Au plan social il n'est pas toujours nécessaire de se comprendre parfaitement pour agir ensemble. Au contraire. Il faut parfois savoir utiliser les différences comme autant d'éléments nécessaires à un projet collectif. Cela dit, on se parle beaucoup mais on s'entend peu... d'où la source de bien des malentendus ! C'est que d'une manière consciente ou parfois inconsciente, nous résistons aux autres. N'ayant pu nous convaincre les uns les autres, nous restons sur nos positions respectives et ce n'est qu'au cours de crises graves ou de conflits engageant nos existences individuelles ou collectives que nous sommes obligés de nous apercevoir du décalage.

Il faut accepter l'idée que l'émetteur est l'acteur principal de

On se parle beaucoup, on s'entend peu.

« la séquence de communication ». Il doit tout faire pour éliminer les malentendus, vaincre les résistances, accepter la réalité
des autres : autrement dit, être bien compris. Les formes du
malentendu sont variées : un autre sens est donné à un mot clé,
l'attention se déplace sur un mot ou un groupe de mots accessoires pour l'émetteur, l'idée générale et l'intention de l'émetteur ne sont pas comprises, le récepteur découvre entre les
lignes (entre les mots !) une signification subtile que l'émetteur
n'avait pas prévue, il se produit une perte partielle, « un blanc »
au cours de la transmission du message (mauvaise écoute), etc.
Ne pas « parler le même langage » même si la langue utilisée
est commune, c'est d'une part ne pas sortir de son propre cadre
de référence et d'autre part *évaluer* tout ce que dit l'autre à travers ce même code rigide. Cela entraîne une distorsion constante du sens, l'incompréhension ou même le renforcement
automatique de ce que l'on pensait à l'avance. (« Je le savais
déjà ! »)

Les situations de conflit

« Ne pas s'entendre » signifie que les mots, les gestes, les attitudes, les réactions ne sont pas reçus par l'un (ou les uns) avec
le sens que l'autre (ou les autres) leur donne. C'est réagir de
manière radicalement différente aux mêmes signaux. Cette dis-
sonance est à la base des conflits. Normalement, puisqu'il
devient impossible de communiquer, les partenaires *devraient*
interrompre leur échange. C'est ce qui se passe dans la majeure
partie des cas : chacun reste sur ses positions, dans sa vérité et
c'est le blocage. Il arrive aussi que, rivés l'un à l'autre ou les
uns aux autres pour des raisons vitales (associés, coexistence
forcée, désir de convaincre ou rivalité inévitable), les partenaires s'affrontent sans cesse, sans autre issue que la violence.
C'est alors, pour un observateur non impliqué, le spectacle
d'un « dialogue de sourds ». Mieux vaut reporter les réunions
où cela se produit...
Certaines situations sont tellement spectaculaires qu'elles sont
aménagées pour le plaisir du public : face-à-face radiopho-
niques ou télévisés entre des adversaires politiques (débats dits
à l'avance contradictoires).

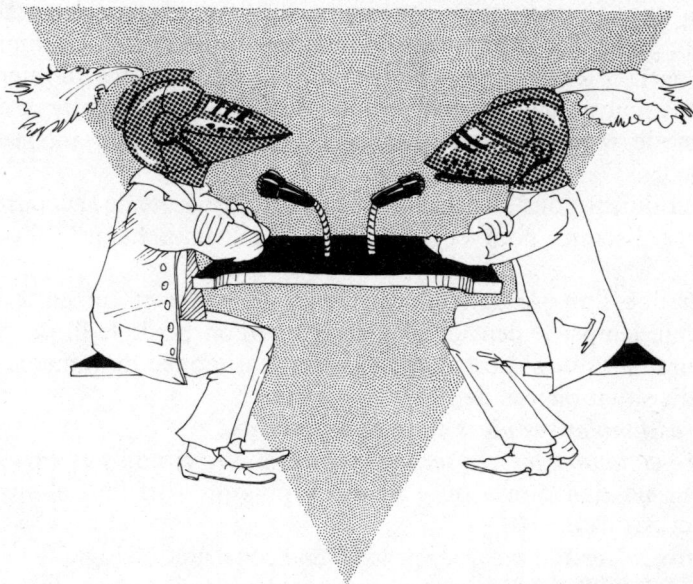

Dialogue de sourds, reportez la réunion.

Les interruptions

Quand on est seul face au public, d'autres types d'incidents peuvent se produire : débuts pénibles, interruptions inattendues, trous de mémoire.

Il est difficile de commencer un discours dans le brouhaha ou face à un public inattentif. Demander le silence est un acte autoritaire pas toujours bien ressenti. Mieux vaut donc esquisser un « Mesdames, Messieurs... », puis marquer quelques instants de silence en jetant un regard circulaire sur la foule. Cette rupture momentanée du début du discours provoque en général l'étonnement et une diminution du bruit ambiant qui facilitent l'attaque des propos.

En cas d'interruption intempestive (bavardage, interpellation, désaccord prononcé à haute voix...), mieux vaut continuer
en parlant légèrement plus fort ou en se rapprochant du micro.
Vous pouvez aussi fermement annoncer ou répéter votre intention de répondre aux questions à la fin de votre intervention.
Si vraiment vous êtes pris à partie, faites en sorte de raccourcir
votre discours pour en venir plus vite à un échange.

Lorsque l'on s'exprime oralement, on pense et on parle en
même temps. Il peut donc arriver que l'on perde le fil du discours, surtout s'il est complexe. Le seul moyen de remédier à
cette situation est de :
- *rassembler ses idées* en se concentrant,
- *sélectionner les choses essentielles à dire* et non pas « parler
pour ne rien dire » ou « noyer le poisson » (il faut éliminer
l'accessoire),
- *organiser son message* grâce à une construction logique.
Perdre le fil du discours est un accident dans le bon déroulement de l'émission du message. Les comédiens appellent cela
« avoir un trou ». En communication, on le nomme un
« blanc ». Ce phénomène n'est pas forcément dû à un instant de
rêve ou de distraction mais à une impossibilité momentanée de
poursuivre la construction du discours. Dans une telle situation, la seule solution consiste à effectuer une reformulation
immédiate du genre : « Pour reprendre ce que je vous disais... »
et à revenir en arrière.
Cette technique dite du « retour en arrière » permet de se
retrouver dans une situation déjà vécue et joue le rôle de la
corde de secours pour l'alpiniste. On reprend son souffle avant
de reprendre le cours de sa pensée.

FICHE n° 12

Les erreurs à ne pas commettre

Erreurs à éviter	*Comment*
Arriver en retard	Prévoyez d'arriver en avance, ne serait-ce que pour avoir le temps de vous décontracter et de prendre la mesure de la salle, de l'ambiance d'une réunion ou le cas échéant pour vous familiariser avec les autres orateurs
Faire des essais de micro devant le public	Vérifiez ou faites vérifier la sonorisation pour éviter les interpellations trop familières du type « Ça va ? » ou « Vous m'entendez ? » Au pire tapotez le micro du bout des doigts. De toute façon, demandez que la sonorisation soit mise en marche avant votre arrivée
Se tromper sur son auditoire ou ignorer sa qualité	Avant d'intervenir, repérez bien à qui vous allez parler : type de public (voir p. 49), ou fonction des personnes, dans un groupe plus restreint. Si vous manquez d'informations, soyez particulièrement attentif aux réactions, cela vous permettra « d'ajuster le tir » (voir p. 86)
Oublier de se présenter	Votre première intervention doit permettre à l'assistance de vous situer
Parler trop bas	Prenez conscience du volume de votre voix et de la distance qui vous sépare de votre plus lointain auditeur

Parler trop vite, s'essouffler	Articulez, respirez tranquillement, faites de petites pauses-silence : elles paraissent moins longues au public qu'à l'orateur
Avoir l'air contracté	Pratiquez la respiration abdominale. « Pensez à vos pieds »
Avoir la gorge sèche	Pensez à la carafe d'eau ! Évitez les boissons gazeuses et... l'alcool
Provoquer des bruits incongrus	Ne vous emparez pas du micro avec vos mains, ne le déplacez pas, ne parlez pas trop près (effet de sifflement ou de percussion)
Parler pour ne rien dire	Évitez d'être trop spontané en recherchant le naturel. « Tournez sa langue sept fois dans sa bouche... »
Parler à tort et à travers	Faites un plan par écrit si vous avez le temps de préparer votre intervention, mentalement si vous avez à prendre la parole de façon inattendue. Cela peut consister à définir deux ou trois idées essentielles et comment les enchaîner
Raconter sa vie	Une anecdote peut amuser ou éclairer votre propos. Mais soyez bref et n'en rajoutez pas, sauf si vous êtes là pour ça !
Se mettre hors sujet ou se laisser entraîner hors sujet par le public	Une petite digression de temps en temps pour marquer une pause, mais pas plus ! Si le public essaie de vous faire dériver, rappelez calmement et gentiment pourquoi vous êtes là
Mettre en cause des personnes directement	Citez des faits, des événements, et laissez aux participants le soin de vous comprendre

Intervenir à contre-temps dans un débat, un échange d'idées	Rebondissez sur une idée proche, d'une manière ou d'une autre, de la vôtre. N'interrompez pas (en principe!) les autres orateurs. Si vous avez peur que votre mémoire ne vous trahisse, notez ce que vous direz quand le moment sera plus opportun
Refuser au public d'intervenir	Prévoyez ou demandez que soit prévu un micro baladeur car faire venir à vos côtés celui qui veut parler peut intimider le public
Partir brusquement	Terminez votre intervention par une brève conclusion. Puis remerciez le public de l'attention qu'il a portée à vos propos, d'une manière simple et chaleureuse
Parler sans témoin...	Demandez à l'un de vos collaborateurs ou amis de prendre en note vos maladresses, vos hésitations, de vous dire si vous avez été convaincant, intéressant... Cela facilitera votre entraînement!

III.

SITUATIONS CONCRÈTES

Parler en public par médias interposés

Que vous soyez responsable d'une association, maire d'une petite ville, responsable des relations publiques dans une entreprise ou enseignant, vous pouvez, un jour ou l'autre, avoir à faire une déclaration par le canal des médias. Un journaliste viendra vous interviewer pour la presse écrite, la radio ou la télévision. Vous aurez à tenir une conférence de presse (même si elle ne réunit pas autant de journalistes que celle d'un président de la République!), ou vous serez invité à participer en direct à une émission de radio ou de télévision.

L'interview pour la presse écrite

Le journaliste a peut-être une idée de ce qu'il veut vous faire dire, n'oubliez pas que, vous aussi, vous avez un message précis à communiquer. Mieux vaut donc vous informer à l'avance des sujets sur lesquels portera l'interview. Cela vous permettra de préparer vos réponses, de rechercher les documents et les chiffres qui les illustreront; bref, de donner l'impression que vous maîtrisez parfaitement votre sujet et de ne pas perdre de temps (que ce soit le vôtre ou celui de votre interlocuteur!).

Si vous ignorez la réponse à une question, n'improvisez pas, proposez au journaliste de le rappeler. Il vous saura gré de votre souci de précision. De plus, une déclaration imprécise permet des interprétations maladroites que votre entourage pourrait vous reprocher.

Si l'interview est enregistrée au magnétophone, faites-vous préciser que cet instrument ne sert que de bloc-notes et que vos propos ne seront pas divulgués ailleurs.

Sinon, facilitez la prise de notes de votre interlocuteur en vous exprimant au moyen de phrases courtes, en évitant les digressions répétées, en résumant de temps à autre vos idées. Vérifiez régulièrement si vous êtes bien compris. Le journaliste n'est pas forcément aussi bien informé que vous du sujet que vous traitez. Cela se sent aux questions qu'il pose, à l'intérêt qu'il porte à vos paroles. Dépistez aussi ces malentendus qui tournent au cauchemar quand on découvre à la lecture de l'article des propos qu'on est loin d'avoir tenus.

On reproche souvent à la presse ses approximations : la faute en revient peut-être, plus souvent qu'on ne le croit, au manque d'entraînement à l'expression orale des personnes interviewées !

Demander à lire un article avant sa parution est considéré comme contraire à la déontologie du journaliste ; à moins que, peu sûr de lui, il ne vous le propose, ou que vous, vous n'insistiez.

Au plan matériel, évitez que l'on vous dérange pendant l'interview, bloquez votre ligne de téléphone ; autrement dit, concentrez votre attention et celle du journaliste sur votre entretien : il y gagnera en intensité.

Installez confortablement votre interlocuteur, il sera plus détendu... et vous aussi. Sachez de quel temps il dispose approximativement pour moduler la durée de vos réponses.

Enfin, vérifiez auprès de lui s'il estime que vous avez fait le tour de la question et proposez-lui de rester à sa disposition s'il avait besoin d'informations complémentaires.

L'interview à la radio

Deux cas peuvent se présenter : votre intervention est enregistrée ou en direct.

Enregistrement

La question essentielle à poser est de savoir si une durée minimale ou maximale a été prévue au moment de la diffusion. Ainsi vous ajusterez la « longueur » de vos propos afin d'éviter qu'au montage ils ne soient amputés au point d'être déformés.
Plus votre intervention sera courte, plus elle devra, bien sûr, être concise et dense. D'autant plus s'il s'agit d'une simple « déclaration ». Et, surtout, n'hésitez pas à reprendre vos propos si vous n'êtes pas satisfait, puisque le journaliste pourra couper « ce qui n'était pas bon ».

Direct

A moins d'être très doué, ou très entraîné, intervenir en direct à la radio n'est pas si aisé qu'on peut le croire. Il est difficile d'oublier le décor, de se concentrer, alors que plusieurs personnes s'agitent dans la cabine technique, que le journaliste ou l'animateur n'a peut-être pas le loisir de ne se consacrer qu'à vous. Les phénomènes de trac et de contraction peuvent se produire comme lorsqu'on intervient en public (voir p. 74). Il est très important de maîtriser sa respiration pour éviter que les mots ne se bousculent trop. (Desserrez la cravate, personne ne vous voit !) Il faut aussi être conscient qu'un débit qui semble normal dans la vie courante paraît rapide à la radio. Attention donc si vous avez déjà tendance à parler vite.
Profitez du temps des questions (dont vous pouvez deviner très vite le contenu) pour préparer l'attaque de votre réponse.
Ensuite, soyez bien convaincu que vous n'êtes pas seul face au micro et que, si vous avez une hésitation ou un trou, votre interlocuteur est là pour vous relancer. Soyez le plus naturel possible et, si votre voix ou votre ton habituels ne vous plaisent qu'à moitié, essayez le truc suivant : souriez en parlant.

D'abord cela vous aidera à vous décrisper, ensuite cela enjolivera votre voix.

Sur le fond, mêmes conseils que pour l'interview de presse écrite : mise au point des idées que vous voulez faire passer, préparation de documents ou, dans le cas présent, de quelques notes qui peuvent se résumer à des mots clés ou à des « formules » auxquelles vous tenez.

Si vous participez à un *débat,* faites-vous donner des informations sur les autres participants et les thèmes qu'ils aborderont. Notez les points sur lesquels vous pensez avoir à réagir. N'intervenez que lorsque vous y serez invité, à moins qu'il ne s'agisse d'un débat purement contradictoire où il n'est pas question de laisser les autres prendre l'avantage.

L'interview à la télévision

Plus rare qu'à la radio... mais en voie de développement à l'intérieur même des entreprises qui commencent à mettre en place des journaux télévisés internes.

L'entretien pourra être « tourné » chez vous ou sur votre lieu de travail. Dans les deux cas, choisissez un lieu familier, rassurant ; habillez-vous de manière à vous sentir à l'aise ; ne faites pas un repas trop copieux ni trop arrosé juste avant le tournage, votre ton et votre mine s'en ressentiraient ! Évidemment, vous pouvez vous contenter de lire un communiqué : mais, sauf si vous y êtes obligé pour des raisons professionnelles (déclaration syndicale, lecture d'une motion...), vous éviterez de donner le spectacle d'une personne dont on ne fait qu'entr'apercevoir le regard. Soyez le plus naturel possible : n'essayez pas de copier un modèle, restez fidèle à votre image en vous rassurant au besoin sur ce dont « vous avez l'air » en regardant les écrans de contrôle.

A la télévision, le temps est bien plus compté qu'à la radio. Il faut être encore plus bref, plus concis, surtout s'il s'agit d'une interview enregistrée qui risque d'être raccourcie. Si vous perdez le fil de votre pensée, surtout pas de gestes intempestifs : restez calme, reformulez ce que vous venez de dire et enchaînez.

Les yeux dans les yeux de la caméra.

Pour ce qui est des conseils concernant votre attitude générale, il suffit de vous reporter, page 90, à ceux que nous donnons pour la prise de parole en public.

La conférence de presse

Vous pouvez être obligé de faire une conférence de presse : presse professionnelle au cours d'un salon spécialisé, presse locale pour un maire ou un élu municipal qui veut exposer un projet de la commune, ou plus généralement à l'occasion d'une inauguration ou de la venue d'une personnalité.

FICHE n° 13

La conférence de presse

• Préparez à l'avance ce que vous voulez dire (et n'oubliez pas qu'un bon dossier de presse rend bien des services aux journalistes, donc à vous-même !).
• Choisissez le lieu d'accueil des journalistes et faites-le préparer (espace, chaises, table).
• Sélectionnez votre entourage (collaborateurs, spécialistes).
• Si les invités sont nombreux, prévoyez une grande salle et un ou plusieurs micros. Pensez à faire enregistrer votre intervention pour l'écouter et l'étudier.
• Donnez les informations importantes mais gardez du temps pour les questions que pourraient poser les journalistes.
• Évitez les conversations à deux. N'entamez pas de discussion sur le fond. Vous n'êtes là que pour donner des informations.
• Ajustez votre voix au volume de la salle et à l'importance du public.
• Ne soyez pas théâtral, cela peut vous desservir. Restez simple, employez des mots précis.
• Ne lisez pas votre intervention.
• Soyez le plus naturel possible. Vous ferez meilleure impression.

Si vous avez envie de préparer une conférence de presse, voici un exercice assez simple et même amusant à effectuer en famille.

EXERCICE n° 22

La conférence de presse

Vous allez présenter le métier que vous exercez à votre famille ou à votre entourage sous forme de conférence de presse (assis derrière une table). Prévoir un enregistrement au magnétophone.
- Faites-en la description.
- Expliquez les tâches à accomplir.
- Exposez les intérêts que vous y trouvez.
- Rappelez le déroulement de votre carrière.
- Décrivez vos lieux de travail.
- Faites le portrait de vos collègues.
- Racontez des anecdotes concernant vos activités.

Au début, soyez un peu « cérémonial » de manière à bien montrer que vous n'utilisez pas un langage quotidien mais celui de votre profession. Faites-vous comprendre par vos enfants aussi bien que par les adultes. Proposez qu'on vous pose des questions. Limitez cet exercice à quinze minutes.

Ensuite écoutez l'enregistrement. Notez les erreurs que vous avez commises et essayez de les analyser en tant qu'auditeur. Vous pouvez ensuite faire cet exercice en imaginant que vous vous présentez à un nouvel employeur.

Vous devez vous apercevoir que vous n'utilisez pas les mêmes mots ni le même ton, sinon c'est raté ! Recommencez...

La synthèse orale

Dans les entreprises où l'on a compris l'importance de l'information professionnelle comme dans certaines municipalités, il est parfois demandé à l'un ou à l'autre (dont ce n'est pas le métier) de faire une synthèse orale de documents ayant trait à tel ou tel problème intéressant de la vie de l'entreprise ou de la ville.

Voici par exemple comment effectuer une revue de presse, sachant que dans cet exemple les journaux peuvent être remplacés par toute autre source d'information (rapports, études, bilans).

La revue de presse

Faire une revue de presse consiste à sélectionner et trier des informations pour les constituer, les commenter sous forme d'exposé oral, en y ajoutant parfois vos opinions ou commentaires personnels. Plutôt que de vous expliquer la méthode de façon théorique nous vous proposons d'en faire un exercice concret, même s'il est un peu long et s'il demande du matériel. Il permet en outre de s'entraîner à acquérir un esprit de synthèse.

EXERCICE n° 23

Une revue de presse

Matériel et préparation
• un magnétophone
• un ensemble de journaux quotidiens, hebdomadaires, mensuels
• une paire de ciseaux, de l'adhésif, et de la colle
• des grandes feuilles de papier (40 × 80)

Choisir 3 informations différentes
1 dans l'actualité de la vie quotidienne (faits divers...)
1 dans l'actualité économique
1 dans l'actualité de politique étrangère ayant une conséquence économique (par exemple : le pétrole)

● *Préparer la revue de presse sur les 3 informations différentes en sélectionnant et triant des articles* (les découper et les coller sur les grandes feuilles de papier).

Sur chaque feuille faites la distinction entre presse quotidienne (plus détaillée), hebdomadaire (déjà plus synthétique) et mensuelle (choisissez un dossier).

Après avoir effectué ces opérations, préparez les exposés oraux enregistrés au magnétophone. Présentez-les en fonction de votre situation sociale ou professionnelle et imaginer à qui s'adressent ces exposés :

● *Si vous êtes conseiller municipal ou maire :*
— à votre conseil municipal, à un groupe d'habitants.

● *Si vous êtes cadre et chargé de l'information dans votre entreprise :*
— à vos collègues,
— à votre patron,
— au comité d'entreprise ou à une assemblée du personnel.

● *Si vous êtes lycéen ou étudiant :*
— à votre professeur et devant votre classe ou devant une assemblée du foyer socio-éducatif.

● *Si vous êtes professeur .*
— à vos collègues au cours d'une assemblée pédagogique ou professionnelle,
— à vos élèves sous forme de cours ou d'exposé.

● *Si vous êtes animateur ou travailleur social :*
— à votre association ou à un groupe d'adhérents.

Dans tous les cas tentez d'utiliser le même vocabulaire que celui des journaux. Si vous devez adapter votre vocabulaire en fonction du groupe ou du public à qui vous vous adressez et surtout si vous exposez des opinions personnelles sous forme de commentaires, n'oubliez pas les trois questions essentielles à vous poser :

● Que·veux-je dire et à qui ?
● Comment me faire entendre ?
● Comment me faire comprendre ?

Cet exercice est long à effectuer, mais il représente une belle séance d'entraînement ! Après avoir enregistré les trois exposés écoutez vos interventions et notez les erreurs que vous avez pu commettre : hésitations, bafouillages, répétitions, trous de mémoire, mot pris pour un autre, articulation, prononciation, ton de la voix...

L'animation

L'animation à caractère social

Les travailleurs sociaux sont de plus en plus souvent conduits à utiliser la parole comme outil de travail. Pour rompre l'isolement, il faut parler et surtout rendre la parole à des individus, des groupes sociaux, établir le contact entre un groupe et un autre.

Comme les enseignants, les travailleurs sociaux doivent donc déclencher en matière de communication une attitude de « coopération ». Face à un jeune en difficulté qui utilise la violence — langage non verbal — pour exprimer son existence, il s'agit de revaloriser l'échange verbal, grâce à des techniques qui relèvent de ce que l'on commence à appeler, aujourd'hui, *l'écoute sociale*. Elle se pratique ainsi :

- assimilation des conditions de vie,
- entretiens dits « d'écoute »,
- échanges quotidiens, non directifs,
- réflexion sur les modes d'expression des uns et des autres,
- rétablissement du dialogue entre partenaires en état de crise.

Pour le travailleur social, cette méthode marque la volonté d'être reconnu et d'adhérer au groupe au sein duquel il est appelé à travailler. Il doit, pour y parvenir, suggérer, convaincre, écouter, sentir les situations et comprendre le niveau de parole de son ou de ses partenaires.

Savoir écouter pour savoir proposer.

Les difficultés de communication
à l'intérieur des groupes

On peut recenser quatre difficultés perturbant la communication à l'intérieur d'un groupe :

• *Un rejet informulé,* mais vécu sous forme de tension collective du cadre institutionnel où se déroule la réunion. C'est bien souvent un rejet inconscient de l'autorité de tutelle.

• *Une démoralisation du groupe* à la suite des expériences et échecs du passé, par la perte de confiance dans les moyens dont il dispose, par des objectifs à atteindre parfois trop lointains, par sa composition ou sa structure.

• *Une tension interne* résultant soit d'un conflit latent entre les participants ou entre des sous-groupes hostiles, soit de pressions extérieures.

• *Une immaturité du groupe* face aux responsabilités à prendre, un manque de connaissance du problème, une absence de réponses personnelles sur le sujet.

Face à ces réactions de refus, d'hostilité, d'inactivité et de blocage (dont il faut prendre conscience même si elles s'expriment de façon non verbale), l'animateur doit faire appel à toutes les ressources des techniques de communication. La violence verbale est évidemment à éliminer d'emblée. Il s'agit de rechercher une procédure d'aide. Pour cela, il convient de :

— reformuler la consigne de départ autant de fois qu'il le faut et de manière différente (préparer divers scénarios) ;

— redonner confiance au groupe en citant des expériences réussies ou en proposant un exercice simple de créativité ;

— donner la parole à chacun, à tour de rôle (faire un tour de table) pour que les tensions, les freins s'expriment ;

— utiliser les actes manqués, le « non-dit », comme des révélateurs d'une situation et non pas comme des échecs ;

— utiliser des arguments chocs du type : « Nous sommes ensemble pour trouver une solution commune, on ne se quittera qu'après l'avoir trouvée. »

En cas de blocage important, reporter la réunion pour prendre le temps de le surmonter.

Réunions-débats

Être en situation d'animation, c'est toujours parler en public, le plus souvent conduire ou animer une réunion-débat. Comme son nom l'indique, cette technique consiste à « donner vie » à un groupe et à assurer un bon déroulement des échanges. Pour y parvenir, trois conditions essentielles :

• *Les objectifs à atteindre doivent être clairement définis* et le débat régulièrement recentré.

• *La personnalité de l'animateur doit s'effacer* au profit de celle du groupe, afin d'éviter le piège du dialogue avec des participants isolés.

• *Les échanges entre les membres du groupe doivent être stimulés.*

Conseils pratiques pour animer un débat.

Voici plus précisément les différents points à respecter, qu'il s'agisse d'une table ronde, d'une discussion après une séance de ciné-club ou d'une assemblée générale.

FICHE n° 14

Animer un débat ou une réunion

• Préciser les données du débat ou la consigne proposée.
• Ouvrir la discussion, si besoin est, dans une direction précise en suscitant les opinions, les réactions, les questions. C'est là la phase la plus difficile : chacun sait qu'un débat après une séance de ciné-club démarre timidement.
• Reformuler et relancer les opinions émises sans s'exprimer ou répondre soi-même : renvoyer idées et questions au groupe ; ne pas confisquer la parole ; ne pas chercher à influencer.
• Assurer la bonne circulation des idées.
• Tenter de donner la parole à tout le monde, sans toutefois forcer tel ou tel participant qui risquerait de figer le débat.
• Faire le point de temps en temps.
• Opérer une synthèse objective et apporter une conclusion si cela est possible.

L'interview et l'entretien

Les travailleurs et animateurs sociaux utilisent également dans leur métier les techniques *d'interview* et *d'entretien* en tête à tête.

L'interview

Il s'agit de poser des questions à une personne qui est censée y répondre. Il faut donc avoir le contrôle de l'échange selon une direction établie à l'avance. Pour cela :
• préparer avec précision ce qu'on souhaite obtenir comme informations ;
• élaborer à l'avance les questions en fonction de ce qu'on recherche et leur attribuer un ordre logique.
Au cours de l'interview, il faut :
• s'adapter à son interlocuteur en maîtrisant le niveau de langage qu'il utilise, le temps dont il a besoin pour comprendre et répondre, ses réactions, sa personnalité (utilisez un ton de voix convenant à l'entretien : pas trop forte, chaleureuse) ;
• s'adapter à la situation matérielle : l'interview se passe dans un lieu plus ou moins adapté à l'échange (les interviews d'une demi-heure dans un hall de gare à 19 heures sont à éviter) ;
• respecter les réponses que l'interlocuteur fournit sans les commenter ou les critiquer : on vient *chercher* une information, non en débattre.
L'interviewer doit faire preuve de capacités d'observation, d'écoute, d'expressivité (qui, là, se limitent à énoncer clairement et posément les questions). Il doit bien maîtriser le sens, la direction de l'échange d'après un plan *préétabli* et veiller à s'y maintenir, sinon il passe de l'interview au dialogue.

EXERCICE n° 24

La relance dans l'interview

En écoutant la radio ou en regardant la télévision, repérez à quels moments les interviewers relancent l'échange, par quels types d'intervention ils favorisent la parole des autres.

L'entretien

Il s'agit généralement d'un échange entre deux personnes qui le provoquent, non pas en leur nom personnel mais au nom d'une fonction qu'elles remplissent (sociale, professionnelle). Mais on peut avoir des entretiens avec un petit groupe.

Ainsi un patient s'entretient avec son médecin, un parent avec le professeur de son enfant, un employeur avec un salarié.

Cela veut dire que la fonction remplie limite et cerne le type des messages qui vont être échangés et l'objectif dans lequel ils le seront.

● *Si vous êtes convoqué à un entretien* dont vous n'avez pas la direction, identifiez la personne qui vous reçoit (nom, fonction), demandez quel est l'objet de cette rencontre et répondez le plus clairement possible en vous efforçant de respecter les limites de l'échange : n'essayez pas d'y parler d'autre chose, de vous dérober, de noyer votre interlocuteur sous un flot d'informations sans rapport avec l'objet de l'entretien. Si vous êtes intimidé, essayez de faire prévaloir le contenu du message sur le « pouvoir » de votre interlocuteur. Être clair, accepter d'aller droit au but et s'y maintenir favorisent un entretien positif.

Au cours d'un entretien, créez une situation d'écoute privilégiée.

● *Si vous avez l'initiative de l'entretien.* Contrairement à l'interview, il n'y a pas de grille précise, mais il est cependant utile de commencer en rappelant votre fonction dans cet entretien, ainsi que son objectif, sa durée approximative (« Je suis un tel..., j'ai telle fonction..., je désire vous parler..., de telle situation..., je dispose de tant de temps...).
Ensuite, si vous êtes à la recherche d'informations, vous devez permettre à votre interlocuteur de s'exprimer le plus librement possible. Mais si vous voulez l'informer, il faut au contraire conserver le plus possible la direction de l'entretien.
Ne dépassez pas le cadre de votre fonction (si vous êtes éducateur ne parlez pas comme un juriste, si vous êtes assistant social comme un inspecteur de police) et limitez-vous aux objectifs de l'entretien.

Les responsables d'association

Comme les élus politiques, vous êtes appelé à animer de nombreuses réunions, assemblées, rencontres. Une association qui fonctionne bien est souvent celle où l'on sait communiquer : informer, échanger, débattre. Le siège d'une association est en effet souvent un lieu de contacts privilégiés où la parole se libère.
Elle revêt de nombreuses formes : débats, entretiens, exposés, comptes rendus, etc.
Les associations loi 1901 ont notamment toute une vie démocratique qui s'organise autour d'assemblées générales, de réunions de conseil d'administration. Il faut donc savoir utiliser la parole aussi bien comme moyen « d'animation » (débat du ciné-club, présentation d'une exposition...) que pour faire un rapport d'activité !
De plus il vous appartient de faire circuler la parole, d'aider certaines personnes à la prendre et finalement d'être à votre tour une sorte de pédagogue. Il se peut en effet que votre association soit le seul lieu où vos adhérents ont la possibilité de s'exprimer oralement au sein d'un groupe, donc face à un

public. En assimilant les idées principales de ce guide vous ne pouvez qu'améliorer votre image d'animateur et mieux jouer votre rôle.

Pour en revenir à votre cas personnel, il est vrai qu'à l'intérieur même de votre association, vous bénéficiez de la confiance de vos adhérents et, qu'en général, cela se passe bien. Les réactions de blocage se produisent plutôt lorsque vous avez à intervenir à l'extérieur, à représenter votre association face à un public qui vous est étranger.

Pour vous redonner un peu confiance en vous, rappelez-vous que vous êtes mandaté pour parler au nom de tout un groupe. Pratiquez les divers exercices de décontraction proposés page 76. Préparez votre intervention plus que d'habitude. Prenez bien conscience de votre public (que sait-il des questions que vous allez aborder ? Quel type de relations entretenez-vous ou espérez-vous entretenir avec lui ?). Adaptez votre message à vos réponses à ces questions et fixez-vous un ou plusieurs objectifs qui vous dynamiseront. Bref, donnez-vous tous les moyens pour exploiter les talents d'orateur que vous possédez sans doute déjà puisqu'on vous a confié des fonctions de responsabilité !

Les élus municipaux : maires et conseillers

Ils sont appelés à prendre la parole au sein du conseil municipal, lors de mariages, de remises de médailles, de manifestations culturelles ou sportives, de réunions de travail, de commissions extramunicipales. Ils sont donc des agents de communication dont l'habileté consiste essentiellement à savoir adapter leur langage aux situations, aux groupes sociaux, aux diverses populations.

Un élu peut avoir à tenir un *meeting*, comme tout orateur politique. Là, il ne s'agit pas de transmettre une information, mais de persuader. La voix devient une arme : on n'écoute pas toujours le contenu des propos, mais on guette les intentions, les promesses de la voix. L'emphase l'emporte bien souvent sur le discours tenu.

Petites communes

Si vous êtes maire d'une petite commune d'un milieu rural vous ne prenez pas souvent la parole devant un public important. Vous rencontrez vos amis et vos adversaires politiques chez vous ou dans un café du village. La tenue des différentes assemblées municipales ne ressemblent pas à celle des grandes villes ou des grandes banlieues. Le conseiller municipal ou le maire d'une petite commune a bien souvent un langage direct. On se connaît la plupart du temps depuis l'enfance et la

Savoir trouver le mot juste en toutes circonstances.

manière de parler en public de chacun est souvent bien assimilée par toute la communauté du village.

Cependant les mêmes conseillers municipaux et maires sont de plus en plus souvent appelés à parler publiquement, dans d'autres circonstances que celles qu'ils connaissent (tenue des assemblées municipales, relations avec la population, offices et cérémonies de leur charge : mariages, remises de décorations, discours...). Il s'agit parfois de recevoir une personnalité exceptionnelle, de présider une manifestation peu habituelle, de s'exprimer à l'assemblée du canton.

Si vous devenez un élu départemental, vous vous apercevez qu'il vous faut faire un effort supplémentaire pour mieux vous exprimer en public. Quels conseils vous donner, sinon de vous référer à l'ensemble de ce guide qui doit vous permettre de vous améliorer, en acceptant de prendre en compte un ensemble de règles assez simples à appliquer. Nous vous en rappelons l'essentiel :

Avant de parler

Préparez votre intervention ou discours : au début il vous semblera peut-être préférable de l'écrire.

Faites un plan et entraînez-vous à retenir les éléments essentiels. Les détails vous reviendront petit à petit au cours du discours, contentez-vous de noter vos idées principales et relisez-les plusieurs fois avant d'intervenir.

Pendant que vous parlez

Évitez de lire votre texte, cela fait toujours mauvais effet.

Détendez-vous, restez naturel, retrouvez dans l'assistance les regards de vos amis : ils vous encourageront d'un battement de paupières ou d'un sourire. Pour détendre l'atmosphère, racontez brièvement une anecdote de la vie locale en rapport avec votre sujet d'intervention. Et puis dites-vous que si vous êtes un peu ému, ce n'est pas grave, cela fait partie de la vie.

Complétez cette information par la lecture du tableau sur les erreurs à ne pas commettre p. 107.

Grandes villes

Dans les grandes communes ou les grandes villes, les élus municipaux et maires sont appelés sans cesse à parler devant un public important, intéressé par la vie locale. Si vous êtes maire ou élu municipal d'une telle ville, tous les chapitres de ce guide vous concernent. La mairie est aussi une grande entreprise et vos rapports avec le personnel communal sont les mêmes que ceux d'un patron avec ses cadres. Dans les communes de 30 000 habitants en France, les employés municipaux représentent, tous services confondus, une entreprise d'environ 400 personnes (voirie, services généraux, administratifs). Vous avez donc un double public : les habitants de votre ville et votre personnel. Et par conséquent, une double raison d'assimiler tous les conseils donnés dans ce livre.

Les enseignants et les formateurs

Les enseignants et les formateurs sont ceux qui ont la plus grande pratique de la prise de parole en public. Cette expérience leur confère un rôle important dans la vie sociale et même politique : plus de 160 enseignants siègent actuellement à l'Assemblée nationale.

Pourtant, à l'école, équipements et méthodes sont encore insuffisants pour permette un véritable apprentissage de l'expression orale. Même si l'école « bras croisés » tend à disparaître, et si des structures actives ont été mises en place (conseil de maîtres de classe, concertation pédagogique, exposés, travail d'expression...), les moyens en matériel et équipements (magnétophones, vidéo, salles adaptées...) restent en deçà des besoins.

Dans les lycées, il incombe bien souvent aux foyers socio-éducatifs de pallier ces lacunes en organisant rencontres, débats, activités d'expression... Et, dans sa classe, c'est à l'enseignant de « se débrouiller » pour initier enfants et adolescents à la prise de parole.

Pour l'élève, l'enseignant est un « médiateur ». En matière de pédagogie, la communication est donc l'outil de formation primordial : il faut à la fois « faire comprendre » et « se faire comprendre ».

Quelques conseils

• *Banaliser son message,* en prenant en compte le niveau de base du groupe d'élèves, surtout s'ils sont nombreux.

• *Accrocher son auditoire,* grâce à un ton de voix agréable, de la vivacité, une utilisation d'anecdotes, de situations concrètes. Le message ne comportera pas une quantité d'informations qui dépasse le seuil de réceptivité du groupe : l'enseignant doit donc être lui-même en situation d'écoute.

• *Contrôler le degré de compréhension,* par le jeu des questions-réponses dans les deux sens : l'enseignant comme les élèves posent des questions. Les pauses permettent de réajuster le déroulement de l'exposé.

Les « contextes » du message

Le *contexte socio-affectif* est à soigner particulièrement. Plus l'enseignant donne une impression de sécurité et d'aisance, plus l'élève redouble d'intérêt. Mais il améliore encore la compréhension de son message si, de surcroît, il se montre conscient des difficultés de son auditoire, car l'élève est sensible à cette attention, à cette marque d'intérêt. Il ressent le besoin de participer de façon plus active. En résumé, il s'agit de prendre en compte très fortement l'existence de l'élève.

Le *contexte matériel* a aussi son importance. Ainsi l'élève est sensible :
• à la qualité de la voix (articulation, couleur...) ;
• à l'attitude gestuelle (signe d'ouverture) ;
• à l'utilisation de supports pédagogiques (documents, images ou même visites d'exposition...).

Sachez parler « indien » !

Enfin, reste à prendre en considération le *contexte de la vie* : les élèves montrent parfois des signes de fatigue, d'inquiétude, de fébrilité... Ces symptômes s'expriment le plus souvent par ce que l'on appelle le langage non verbal : gestes, regards, attitudes. L'enseignant ne peut se permettre de « parler dans le vide » : sa manière de s'exprimer doit tenir compte de tous les symptômes qui reflètent l'état de réceptivité de son message. Ce peut être un moyen de prévenir les chahuts !

Pour établir une *relation pédagogique active,* il faut :
● permettre à l'élève d'aller au-devant de l'information, en facilitant ses interventions ;

- pratiquer une « coopération » intellectuelle supposant une communauté de vocabulaire ;
- porter attention à l'état de réceptivité de l'élève.

Ces indications sont volontairement sommaires dans la mesure où elles s'adressent à des « professionnels » de la communication orale qui, s'ils veulent améliorer leur pratique pédagogique, ont intérêt à consulter des ouvrages beaucoup plus spécialisés. Cela dit, toutes les indications données dans ce livre sur leur outil de travail qu'est la parole peuvent leur être fort utiles et sont même une information de base indispensable.

Les lycéens, les étudiants et les adultes en formation

Les exposés

Actuellement les techniques d'expression orale entrent timidement à l'école, à l'université et dans le secteur de la formation. Mais dans peu de cas elles font l'objet d'un enseignement spécifique, même si tous les lycéens et étudiants ont un jour ou l'autre un exposé à faire devant leur professeur et leurs camarades.

Certains sont plus « doués » que d'autres : rappelez-vous nos propos sur l'influence du milieu dans l'acquisition de la parole ! Mais tout le monde peut apprendre à faire ce qui suit...

La réussite d'un exposé est directement liée à la bonne organisation des informations et des idées : faites ressortir les principales. Découpez-les en petits sous-chapitres. Trouvez des liaisons simples, logiques. Attaquez en présentant le sujet et en expliquant comment vous allez le traiter. Insérez de façon équilibrée des éléments documentaires (entraînez-vous à chercher des sources d'information très diverses : savoir se documenter est une qualité très appréciée dans la vie professionnelle). Prévoyez une conclusion en forme de résumé.

Au début, vous pouvez rédiger l'ensemble de l'exposé même si vous faites l'effort de ne pas le lire mot à mot. (Aidez-vous en soulignant les passages importants, les mots clés.) Mais dès que vous le pourrez, contentez-vous d'un plan très détaillé sur lequel vous improviserez. Demandez à un membre de votre famille ou à l'un de vos camarades (on travaille souvent les exposés en groupe) de vous servir de public-test. Si ce n'est pas possible, enregistrez vos essais au magnétophone, écoutez-vous, notez vos points faibles.

Avant le début de l'exposé, faites une petite pause-détente en essayant de penser à autre chose. Marchez, respirez... Puis pendant votre prestation, prenez votre temps et vérifiez l'attitude de vos auditeurs pour vous assurer que vous accrochez bien

Accrochez votre auditoire dès le début de votre exposé.

leur attention. Demandez, par exemple, entre deux parties de
l'exposé, si tout le monde a bien compris et si vous pouvez
poursuivre : le professeur vous saura gré de ce souci pédagogique ! Ne soyez pas trop long, vous ne faites pas une conférence. Le mieux est d'ailleurs de savoir à l'avance dans quel
temps vous devez faire tenir votre exposé. Enfin, n'hésitez pas à
demander à votre professeur qu'il commente votre exposé aussi
bien sur la forme que sur le fond.

Les examens oraux

Face aux examens oraux, il y a ceux qui savent parler de tout
et de rien quoi qu'il arrive et pour lesquels ça marche ! Et puis
il y a les autres, la majorité, qui essaient de se débrouiller avec
les quelques connaissances que le sujet à traiter leur inspire.
Gare au trac : face à un jury, c'est lui le pire ennemi, celui qui
embrouille les idées et empêche même de faire travailler la
mémoire. Lisez dans ce livre tout ce qui concerne cette bête
noire de l'orateur et entraînez-vous à la respiration abdominale, c'est encore le meilleur « truc » qu'on ait trouvé. Une fois
que vous êtes le plus détendu possible, mettez de l'ordre dans
vos idées en notant de la façon la plus claire possible l'essentiel
de ce que vous avez à dire.

Quand vous commencerez à parler, n'ayez pas peur des
silences : ils sont des moments de réflexion. En cas de trou de
mémoire, essayez de ne pas vous affoler et passez à la suite, ce
que vous recherchiez reviendra d'autant mieux que vous ne
vous bloquerez pas. Soignez votre langage, évitez les familiari-
tés. Parlez d'un ton assuré et sans avoir l'air pour autant trop
décontracté, montrez-vous détendu : le jury appréciera votre
sérénité, preuve d'une certaine confiance en soi. Ne terminez
pas votre intervention de façon abrupte, trouvez une petite conclusion et, si vous êtes sûr de vous, demandez à votre auditoire
s'il souhaite que vous apportiez des précisions. En répondant
aux questions, faites preuve, si possible, d'esprit de repartie : à
une question sur la largeur du Danube à Vienne, un étudiant
répondit : « Sous quel pont ? » C'est peut-être insolent, mais

cela fait meilleur effet qu'un bredouillement timide. Enfin n'oubliez pas d'être courtois et de saluer le jury en arrivant et en repartant.

Pour l'entraînement, mêmes conseils que pour l'exposé : essayez de travailler vos examens ou concours en groupe et jouez les examinateurs à tour de rôle.

La communication orale dans l'entreprise

Dans votre vie professionnelle, en tant que cadre ou agent de maîtrise ou comme délégué syndical, nombreuses sont les occasions où il faut prendre la parole face à des groupes plus ou moins importants : pour expliquer une tâche à accomplir, motiver, former, encourager, rendre compte, négocier ou tout simplement pour échanger des informations entre vous. « Donner la parole » n'est plus considéré comme une perte de pouvoir. Au contraire. Au cours des dernières années, l'influence des médias aidant, la nécessité de faire circuler l'information dans l'entreprise est apparue : cela évite les rumeurs, les fausses nouvelles, renforce la cohésion, permet d'écouter la « base ». Utiliser la communication orale permet de lutter contre la tendance à la bureaucratie, oblige souvent à être « sur le terrain », tire bénéfice des contacts physiques.

Les spécialistes de cette nouvelle branche des sciences de l'organisation du travail qu'est la communication distinguent quatre formes d'intervention orale :

L'information opérationnelle

Indiquer une tâche à accomplir, expliquer une méthode, rappeler des délais... Pour les personnes d'encadrement, il s'agit de recentrer ouvriers, employés, sur la manière d'effectuer leur travail, sur les moyens dont ils disposent, sur les limites de leurs responsabilités. Pour un délégué syndical, ce peut être expliquer les modalités d'une action revendicatrice.

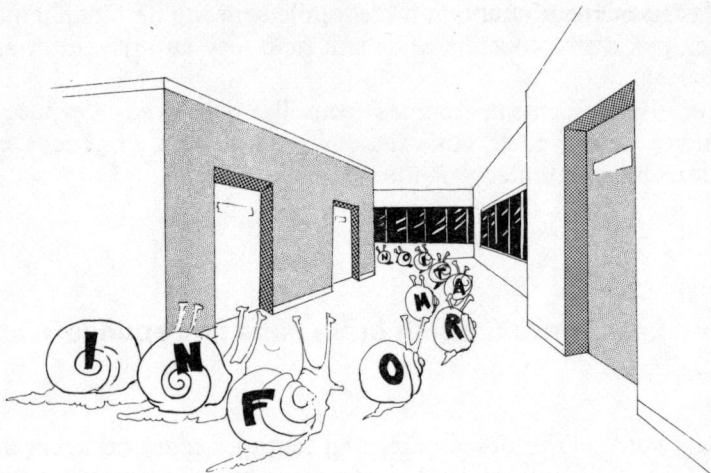

La parole accélère la circulation de l'information.

L'information motivationnelle

Donner un sens au travail de chacun, le situer par rapport aux buts de l'entreprise... L'absence de ce type d'information crée souvent un malaise, un mauvais climat de travail. Chacun préfère savoir pourquoi il doit faire telle chose, dans quels objectifs à court, moyen ou long terme cela s'inscrit. Ainsi le personnel d'encadrement devrait réunir régulièrement les diverses équipes de travail pour expliquer et justifier toute décision, toute modification concernant la marche de l'entreprise. Pour les délégués du personnel ou les responsables syndicaux, ce type d'information consiste à faire prendre conscience à chacun des enjeux d'une action pour qu'il y ait un véritable consensus entre la « base » et ses représentants.

L'information promotionnelle

Elle commence avec l'annonce des promotions internes, l'explication des possibilités d'avenir. Elle va jusqu'à l'organisation de sessions de formation ou de perfectionnement. Plus concrètement, il peut s'agir de remettre une médaille du travail ou de prononcer un discours à l'occasion d'une promotion : dans tous les cas, évitez d'être pompeux ou pontifiant. Soyez le plus simple et le plus direct possible. Ce genre de cérémonie se déroule généralement dans une ambiance assez joyeuse : ne l'assombrissez pas par une tirade qui n'en finit plus !

L'information générale

Même si ce type d'information (économique, conjoncturelle) circule souvent par écrit (circulaires, « lettres » personnalisées...) il peut être utile de provoquer des réunions (attention à l'excès inverse, baptisé « réunionnite » !) plus ou moins informelles où, à partir d'un bref exposé de départ, tout le monde peut échanger des idées. Dans ce cas, l'ordre du jour devra malgré tout être précis, si l'on veut éviter de tomber dans le piège de la « réunion mondaine » que tout le monde finit par fuir, persuadé d'y perdre son temps.

Dans une entreprise, la communication orale, quel que soit son but, a l'avantage de la *rapidité*, quitte à, pour éviter que les propos ne soient déformés, être appuyée ensuite par des supports écrits. Elle a aussi le mérite d'être *synthétique* : oralement, on va plus vite à l'essentiel. Enfin, elle suscite des *réactions immédiates*. Elle facilite les échanges, la circulation des idées, un besoin tellement ressenti par beaucoup d'entreprises que se développent les « brainstorming » (voir p. 141) et toute sorte de séminaires dont le principe est de provoquer une coupure avec le lieu de travail pour libérer la parole. Enfin, une communication orale bien organisée limite les risques de malentendus, désamorce bien des conflits. A chaque entreprise, chaque administration d'en prendre conscience et de mettre en place les structures nécessaires : réunions régulières des services, réunions interservices, contacts fréquents avec les représentants du personnel, mise en place de lieux de rencontres informelles... Tout cela dans une double intention : que l'information circule aussi bien de bas en haut que de haut en bas, et aussi bien de façon horizontale que verticale.

Voici maintenant une série de cas précis où la parole joue un rôle important dans la vie professionnelle.

Commander

Dans tous les cas où l'on a à donner des ordres précis oralement (dans un atelier, sur un chantier...) il importe de maîtriser
sa voix et le ton que l'on emploie.
Difficile d'avoir de l'autorité avec une toute « petite voix »,
difficile d'être accepté si l'on est tonitruant.
Il importe donc de rester calme, de particulièrement maîtriser
son niveau sonore, son ton, son débit (une voix « posée »). Plus
on est simple, mieux on est compris. Plus on explique, mieux
on est entendu. Mais un bref exposé, clair, logique et chaleu-
reux vaut mieux qu'un long discours.
Si l'on dispose d'un peu de temps, vérifier que l'on a été bien
compris.

Suggérer

On n'est pas toujours obligé de donner des ordres stricts. Par le
ton, le choix des mots, l'attitude générale, on peut aussi très
souvent suggérer. Il s'agit alors d'être prêt à entendre des arguments contraires et de savoir négocier pour aboutir à une décision commune. Ce type de comportement permet bien souvent
d'accroître la responsabilité de chacun, d'associer le personnel
aux décisions, de les lui mieux faire comprendre.

Conduire une réunion importante (conseil d'administra-
tion, assemblée générale...)

Toutes les règles concernant la prise de parole en public
énoncées page 90 sont à prendre en compte.
Dans votre plan, n'oubliez pas le compte rendu de la réunion
précédente et l'ordre du jour. Même si l'atmosphère de la réunion vous semble tendue, restez souriant et courtois tout en
ayant un ton de voix assuré. En cas d'inattention ou de bavardage du public, cessez de parler (cela crée un effet de surprise !) et reprenez d'un ton plus ferme : « Comme je viens

de le dire... » Quand le silence se fait, revenez à un ton plus calme.

A la fin de votre exposé, ouvrez le débat : pendant les interventions du public, prenez des notes de manière à pouvoir répondre avec précision ou à donner la parole à celui de vos collaborateurs qui connaît bien le point abordé. Méfiez-vous des « provocations », recentrez régulièrement le débat sur les objectifs de la réunion.

Avant de passer éventuellement à un vote, vérifiez que toutes les opinions ont été clairement exprimées : si vous disposez d'assez de temps, essayez de les reformuler.

Faire un compte rendu

Il s'agit souvent de transmettre oralement ce qui s'est dit au cours d'un rendez-vous, d'une réunion, ce qu'on a lu dans un document, ce qu'on a vu au cours d'une visite.

Si l'on a pris des notes, les relire et en faire une synthèse avant d'intervenir.

Estimer le temps de parole (en général, assez court).

Prévoir l'éventualité de questions.

Dans l'ensemble, être précis, efficace, ordonné : il s'agit de rendre compte, non de commenter, sauf si cela a été demandé (voir p. 117).

Animer une réunion de synthèse

Une réunion de synthèse a pour objectif de collecter les points de vue de plusieurs collaborateurs.

Elle prend souvent la forme d'échange, de débat, chacun apportant des informations et des analyses. La présentation de documents, des exemples pratiques sont autant d'éléments moteurs de la rencontre.

Chaque réunion doit faire l'objet d'un compte rendu précis qui sera remis à chaque participant.

Faire un exposé

Dans les entreprises, l'exposé se situe entre le compte rendu et la conférence.
Il traite d'un seul sujet essentiel. Il se compose à la fois d'un apport de connaissances et de points de vue personnels.
L'exposé, dans certains cas, est organisé autour de documents, films, montage diapo, démonstration technique... Il peut parfois être assimilé à une séquence de formation (surveiller le feed-back !) où des idées nouvelles sont suggérées.

Faire circuler l'information

Tout le monde connaît le « jeu du téléphone » qui consiste à faire circuler une phrase. On met en ligne un groupe de personnes. Au premier, on dit une phrase... qui passe de l'un à l'autre. A l'arrivée le résultat est totalement différent du message initial. Le même phénomène se produit souvent dans la vie sociale. Un incident ou une anecdote de la vie courante est repris en compte par la rumeur publique ; on assiste à une formidable distorsion : le fait est transformé, la rumeur publique s'auto-alimente, s'épaissit et produit un message complètement erroné, très éloigné de l'incident ou de l'anecdote originale. (Certains se souviennent de la fameuse « rumeur d'Orléans ».)
Il est vrai que, au cours de la transmission d'une information, des paramètres variables interviennent, tels que la longueur du message, sa cohérence, le degré de compréhension, l'originalité de l'information qu'il contient... Mais l'expérience prouve que l'effritement et la dégradation sont constants.
Votre souci numéro un doit donc être de surveiller le phénomène de distorsion. Pour l'éviter, vous pouvez bien sûr doubler les messages verbaux par une lettre, un ordre écrit ou une circulaire. Vous pouvez aussi proposer à vos chefs de service ou aux délégués du personnel de se former à l'expression orale de manière à perfectionner dans votre entreprise l'outil de travail qu'est la parole. Vous pouvez enfin aller vérifier sur le terrain si

l'information n'a pas été déformée en multipliant les conversations informelles.

Animer un brainstorming

Parler en public, c'est aussi animer des séances de « créativité » ou des réunions informelles. Il devient impossible aujourd'hui d'ignorer la technique du brainstorming, jusqu'ici utilisée dans les entreprises modernes ou les associations innovatrices. Le brainstorming a pour objectif la production intensive d'idées neuves et originales, par un petit groupe. Cette méthode fait donc appel à l'imagination et à la créativité.

Il s'agit de réunir un groupe d'une dizaine de personnes au plus, à qui on donne une « consigne », c'est-à-dire le sujet et les raisons du brainstorming (par exemple, améliorer les relations dans un groupe déterminé, envisager un nouveau « créneau »).

Les participants interviennent ensuite en toute liberté. Ils sont invités à émettre toutes les idées qui leur viennent à l'esprit, même si au premier abord elles ont l'air absurdes. Il faut s'efforcer d'énoncer le maximum d'idées dans le minimum de temps. Les participants ne doivent pas critiquer les idées émises.

Cette technique permet de libérer l'imagination. L'esprit critique disparaît ; la confiance, la spontanéité et l'audace peuvent enfin s'exprimer.

L'animateur doit rester le plus neutre possible, tout en demeurant un participant à part entière. Son rôle consiste à reformuler certaines interventions confuses et à encourager chacun à s'exprimer librement.

Enfin, il est bien sûr nécessaire qu'un observateur écoute toutes les interventions. Le stock d'informations ainsi obtenu peut être exploité pour essayer de régler le problème posé.

142 **Parler en public, c'est facile**

Procéder à une étude de cas

L'étude d'un cas est la description d'une situation concrète et réelle, bien souvent problématique, survenue dans un groupe social, en entreprise, et conduisant à la recherche d'une solution.
Les types de cas varient selon le milieu considéré. Leur étude permet d'isoler un problème et de le traiter isolément.
Par exemple, on peut avoir à résoudre :
● un incident significatif survenu au sein d'un service, d'un atelier, en posant un problème qui a une conséquence sur la collectivité ;
● une situation présente mais dont le développement futur (erreur de diagnostic) engendrerait des difficultés ;
● une situation individuelle embarrassante ;
● un état de crise dont la résorption paraît urgente (fragilité d'un collaborateur...).
La méthode « étude d'un cas » consiste à :
● analyser en groupe objectivement et sans contrainte, cette situation ;
● isoler le vrai problème de manière à ne traiter que lui ;
● faire un exposé des motifs ;
● préparer plusieurs solutions.
L'animateur devra s'efforcer de centrer le débat sur le véritable problème posé, et permettre à chacun de s'exprimer largement, créant ainsi les conditions d'une décision collective.
La séance se termine donc par une synthèse et une décision sur les orientations à suivre.

Procéder à un entretien de recrutement

Dans les petites et moyennes entreprises, il n'existe pas forcément de structure spécialisée dans les problèmes de recrutement, ni *a fortiori* de psychologue formé à ce type d'entretien.
Quelques conseils :
● Mettre le candidat à l'aise.
● Lui présenter l'entreprise et le rôle qu'on entend lui confier.

• Puis lui donner la parole pour recueillir ses motivations. L'aider en le relançant par des questions.

• A la fin de l'entretien, si aucune décision n'est prise, éviter le « On vous écrira » et préférer le « Nous reprendrons contact avec vous quelle que soit notre décision. »

Se présenter à un entretien de recrutement

Avant le rendez-vous, s'entraîner au magnétophone en expliquant par exemple ses motivations. A la réécoute, juger le ton : Est-il convaincant ? Sincère ? Quelle image évoque-t-il ? Vérifier si les mots utilisés sont assez précis, forts... Imaginer que les situations soient inversées : est-ce convaincant ? Faire écouter à des proches et vérifier l'impact et la justesse de ses propos.

• Le jour venu, soigner son habillement (voir p. 64).

• Adapter son ton et son langage à l'interlocuteur.

• Poser des questions sur l'emploi proposé.

• Prendre une attitude responsable, dynamique, ouverte.

• Surveiller particulièrement sa mimique, ses gestes (l'interlocuteur a peut-être appris à les décoder, voir p. 67).

• Prendre congé calmement.

Annoncer un licenciement

Il est bien évident que, quelle que soit la manière dont un licenciement est annoncé, cela ne change rien à la situation de fait. Mais il est tout aussi clair que si le licenciement est envisagé avec l'intéressé au cours d'un « entretien d'aide » (voir p. 119) les conséquences sur l'état psychologique de la personne licenciée seront différentes.

Dans de telles circonstances, le ton et le langage utilisés doivent viser à dédramatiser la situation (sans pour autant sembler la prendre à la légère !). Il s'agit d'expliquer, de ne pas essayer de jouer avec les mots, bref d'être clair sans être brutal.

Une attitude extrêmement attentive est de rigueur de manière à prendre en charge une partie de la situation émotionnelle. La présence d'une troisième personne (délégué du personnel, collègue de travail) peut être utile pour éviter un affrontement de personne à personne.

Régler un conflit

• Mettre en présence les personnes (ou groupes) en conflit pour qu'elles aient l'occasion de se parler.
• Jouer un rôle de médiateur : reformuler l'objet du conflit, puis faire s'exprimer chaque partenaire à tour de rôle en vérifiant que l'autre est attentif.
• Veiller à ce que cet échange reste courtois, rappeler plusieurs fois son but : débat d'idées et non manifestation d'une violence verbale.
• Suggérer des solutions.

Animer une séquence de formation

La formation doit être un *échange* entre les formateurs et les participants.
Le *feed-back* doit être contrôlé en permanence pour vérifier l'état de réceptivité des stagiaires.
Une formation doit faire appel au maximum de *créativité* et s'appuyer sur des *techniques relationnelles* permettant de développer la communication (voir p. 129).

Les repas d'affaires, les déjeuners et dîners-débats

Dans la vie professionnelle, sociale ou politique, bien des propos importants, des idées nouvelles sont échangés autour d'une table ! A tel point qu'au simple repas dit d'affaires s'ajoutent maintenant de véritables déjeuners ou dîners-débats amenés à remplacer, faute de temps, ce qui autrefois aurait fait l'objet d'un colloque d'une journée. Cette course contre la montre amène certains chefs d'entreprise à réunir leurs cadres pour des « petits déjeuners » de travail, parfois même le dimanche matin, à leur domicile !

En quoi le déroulement parallèle d'un repas modifie-t-il la façon de prendre la parole ? Il implique évidemment une grande courtoisie et de bonnes manières de la part de chacun des participants : a-t-on jamais vu dans un restaurant des convives élever le ton, s'insulter ? Accepter de bavarder autour d'une table est un accord tacite sur certaines règles de savoir-vivre même si l'on n'est pas à l'unisson sur le fond du débat. Si vous êtes à l'initiative d'une telle rencontre, il est bon de préciser à l'avance aux invités de quoi il sera question à moins que vous ne réserviez une proposition surprise à votre ou à vos interlocuteurs entre la poire et le fromage. Autrement dit, soyez bien conscient du but de votre invitation pour ne faire perdre de temps à personne. Et n'oubliez pas de présenter les invités les uns aux autres en précisant rapidement la fonction de chacun.

Si vous êtes un simple invité, ne prenez pas la parole à tort ou à travers sous prétexte que certains silences vous paraissent longs. Laissez l'initiative à la personne qui a organisé le repas. Et faites attention de ne pas vous laisser griser par l'ambiance que créent la bonne chère et le bon vin : restez maître de vos propos sous peine de regretter d'avoir laissé filtrer une information confidentielle ou d'avoir pris des engagements que vous ne pouvez tenir ! Cela peut paraître élémentaire mais la technique du repas d'affaires a bien souvent pour objet d'en arriver là ! De même, si vous êtes invité par un supérieur hiérarchique, gardez vos distances même si, autour d'une table, elles semblent atténuées.

Si vous devez organiser un véritable déjeuner ou un dîner-débat, prévoyez un lieu adapté et des moyens de sonorisation. Expliquez avant le début du repas comment la rencontre va se dérouler et quels sont les objectifs. Répartissez le public de manière que les échanges soient le plus fructueux possible. Lancez le débat puis répartissez la parole en évitant qu'aucun d'entre vous ne la confisque, le temps d'un repas n'excédant pas deux heures environ. Chacun doit s'efforcer d'être d'autant plus clair et audible que l'attention des participants peut être détournée par ses voisins ou par... le repas. Si le niveau sonore ambiant devient trop élevé, mieux vaut attendre pour intervenir : il appartient à l'organisateur d'éviter la cacophonie.

Même si vous n'avez pas grand-chose à dire, il peut être intéressant que vous participiez à ce genre de débats, ne serait-ce que pour observer la manière dont ils se déroulent et pour en tirer vos propres conclusions.

Parler au téléphone

L'échange verbal par téléphone est un acte de communication où le seul code sensible est la voix (plus de mimique, de gestes, de regards). Il importe donc, là plus que jamais, de soigner ses intonations. Attention aussi au feed-back : il n'est plus « lisible » que dans les propos tenus par l'interlocuteur.

Un bon échange téléphonique est celui où chacun sait parfaitement passer de l'état d'émetteur à celui de récepteur sans mélanger les deux fonctions. Plus pratiquement :
● Se présenter.
● Vérifier qu'on ne dérange pas (comme on le ferait avant d'entrer dans un bureau).
● S'assurer du temps dont l'on dispose (s'il est trop court, proposer de rappeler ultérieurement).
Il n'est plus possible aujourd'hui de redouter l'usage du téléphone. Il intervient de plus en plus souvent dans les relations professionnelles et commerciales : mieux vaut donc faire en sorte de donner à entendre une voix souriante, chaleureuse, posée, pour qu'on ait plaisir à vous appeler.
La voix gagne en naturel si l'on « oublie » l'objet téléphone, si

l'on imagine la personne à laquelle on s'adresse, si l'on fait éventuellement, avec la tête ou avec les mains, ses gestes habituels.

L'important, c'est la clarté...

Le répondeur téléphonique

Si vous avez à enregistrer le message du répondeur téléphonique invitant à parler, ne vous contentez pas d'une formule banale débitée sur un ton sec. Dites l'essentiel (raison sociale, numéro de téléphone, heures d'ouverture des bureaux, invitation à parler) avec le plus de naturel possible, comme si vous vous adressiez directement à la personne qui va appeler. Si vous n'y arrivez pas, choisissez dans votre entourage une personne plus douée ! Les répondeurs découragent encore quelques personnes, aidez-les à surmonter cet obstacle en le rendant le plus humain possible.

Et de même, dans l'autre sens, quand vous laissez un message ! Maintenant que vous savez parler en public, vous pouvez faire un effort face à une machine. Quand vous appelez un correspondant qui utilise un répondeur sachez que votre temps de réponse après le signal sonore est souvent limité à trente secondes. Préparez votre réponse, dès le « bip », présentez-vous, laissez vos coordonnées et donnez la raison de votre appel. S'il vous reste quelques secondes, répétez votre numéro de téléphone. Si vous n'avez pas pu tout dire, n'hésitez pas à renouveler votre appel. Dans tous les cas, parlez lentement et distinctement.

CONCLUSION

Et maintenant...
Vous voilà arrivé au bout de vos peines... ou presque. Bravo
d'avoir lu ce livre d'une seule traite. Mais hélas, cela ne suffit
pas. Il faut maintenant vous entraîner à chaque occasion et
mesurer vos progrès comme vos difficultés. Ce n'est qu'à ce
prix que vous progresserez, même si de temps à autre vous
pouvez concrètement utiliser l'un ou l'autre des conseils que
nous vous avons donnés.
Vos efforts ne seront pas gratuits : ils vous permettront, en
améliorant vos capacités d'expression, d'être plus sûr de vous
dans votre vie professionnelle. Aujourd'hui on écrit de moins
en moins, on parle de plus en plus. Plus vous serez convaincant
et mieux vous saurez accrocher vos auditoires, plus on vous
respectera, plus on vous fera confiance. Quand vous aurez une
bonne idée, vous saurez l'exprimer vite et bien. Quand vous
aurez un problème, vous disposerez d'un nouvel atout pour le
résoudre : une meilleure capacité à l'exposer, le décortiquer, et
proposer des solutions.
Parler en public avec aisance est une arme que vous enviez à
certains de vos amis ou collaborateurs. Ce livre n'a pas la pré-
tention de vous la fournir « clés en main » : à vous de jouer
pour vous en emparer puisque maintenant vous connaissez
toutes les règles du jeu...

BIBLIOGRAPHIE

AIMARD, Paule, *Le Langage de l'enfant*, PUF, 1981.

BRONCKART, J.-P. *Théories du langage*, Éditions Mardaga, 1977.

ESCARPIT, Robert, *Théorie générale de l'information et de la communication*, Hachette, 1976.

FREUD, Sigmund, *Essais de psychanalyse*, Petite Bibliothèque Payot, n° 44.

FURET, Y. et PELTANT, S., *Savoir parler en toutes circonstances*, Retz, 1975.

GELLERMAN, S. W., *Les Relations humaines dans la vie de l'entreprise*, Éditions de l'Organisation, 1967.

GONDRAND, F., *L'Information dans les entreprises et les organisations*, Éditions de l'Organisation, 1981.

JAKOBSON, Roman, *Essais de linguistique générale*, Éditions de Minuit, 1969.

LENTIN, Laurence, *Apprendre à parler à l'enfant*, Éditions E.S.F., 1964.

LEROI-GOURHAN, André, *Le Geste et la parole*, Albin Michel, 1964.

PIAGET, Jean, *Langage et pensée chez l'enfant*, Delachaux et Niestlé, 1968.

RUFFIÉ, Jacques, *De la biologie à la culture*, Flammarion, 1973.

VANOYE, F., *Expression et communication*, Armand Colin, 1973.

« Les origines de l'homme », *Le Courrier de l'Unesco*, août-septembre 1972.

Séminaires de Muchielli, in revue *Communications*.

« Techniques d'expression », *Langue française*, mai 1975, Larousse.

Table

Table 153

Dans la même collection

Rosy Pinhas-Delpuech
L'ORTHOGRAPHE, C'EST FACILE

Patrick Mansion
BIEN RECEVOIR, C'EST FACILE

Aldo Haïk
LE JEU D'ÉCHECS, C'EST FACILE

Claude Quenault et Josette Fauvel
PARLER EN PUBLIC, C'EST FACILE

En préparation

Patrick Ullmann et Michel Maliarevsky
LA PHOTO, C'EST FACILE

Pierre d'Agrèves
LA PLANCHE À VOILE, C'EST FACILE

Pierre Tardy
CHOISIR SA HI-FI, C'EST FACILE

Ghislaine Andréani
BIEN DORMIR, C'EST FACILE

Claire Parenti et Philippe Vallet
AVOIR UNE BONNE MÉMOIRE, C'EST FACILE

*La composition
et l'impression de ce livre ont été effectuées
par l'Imprimerie Aubin à Ligugé
pour les Éditions Albin Michel*

AM

*Achevé d'imprimer en mars 1982
N° d'édition, 7469. N° d'impression, L 14371
Dépôt légal, mars 1982*

Imprimé en France